일본군'위안부' 자료 목록집[Ⅲ]

동북아역사 자료총서 50

일본군'위안부' 자료 목록집 [Ⅲ]
-연합군 자료편-

초판 1쇄 발행 2018년 12월 31일

엮은이 | 동북아역사재단 일본군'위안부'연구센터
펴낸이 | 김도형
펴낸곳 | 동북아역사재단

등록 | 제312-2004-050호(2004년 10월 18일)
주소 | 03739 서울시 서대문구 통일로 81(미근동267) NH농협생명빌딩
전화 | 02-2012-6065
팩스 | 02-2012-6189
E-mail | book@nahf.or.kr

ISBN 978-89-6187-426-7 94910
ISBN 978-89-6187-423-6 (세트)

* 이 도서의 국립중앙도서관 출판예정도서목록(CIP)은 서지정보유통지원시스템 홈페이지(http://seoji.nl.go.kr)와 국가자료공동목록시스템(http://www.nl.go.kr/kolisnet)에서 이용하실 수 있습니다.(CIP제어번호: CIP2018042594)

동북아역사 자료총서 50

일본군'위안부' 자료 목록집 [Ⅲ]

연합군 자료편

동북아역사재단
일본군'위안부'연구센터 편

동북아역사재단
NORTHEAST ASIAN HISTORY FOUNDATION

발간사

21세기 현 시점에서도 현재진행형인 일본군'위안부' 문제는 일제식민지배하의 침략전쟁에 여성들을 성노예로 강제동원한 반인도적 범죄 피해로 역사적 진실과 정의를 통해 진정한 해결방안을 모색해야 하는 과제이다. 그러한 전제에서 우리 정부가 73주년을 맞이한 2018년 광복절에 앞서, 27년 전 김학순 할머니가 피해 사실을 최초로 증언한 8월 14일을 국가기림일로 제정함으로써 일본군'위안부' 피해자들의 존엄과 명예 회복을 국가의 책무로 천명하였다는 점에서 주목하게 된다.

재단은 2006년 출범 이래 일본군'위안부' 문제와 관련하여, 일본이 주장해온 '1910년 식민지배합법론'과 '1965년 한일협정완결론'의 문제점을 조명하는 국제학술회의를 선도적으로 개최하였다. 이를 통해 동북아 역사 갈등의 본질인 일제식민지책임을 규명하고 나아가 그로부터 파생한 반인도적 범죄이자 오늘날 국제사회 최대 인권 현안인 일본군'위안부' 문제의 해결 방안을 모색하는 국제공동연구와 학술네트워크를 구축해 왔다.

일제의 식민지 여성에 대한 전쟁범죄이자 중대한 인권 침해인 일본군'위안부' 피해 구제를 보색해 나가는 과정에서 재단이 제기한 역사적인 과제들에 대해 2011년 한국 헌법재판소와 2012년 한국 대법원은 일본이 거부해온 역사적 진실과 정의에 입각한 판결로 화답하였다. "일제강점기에 일본군'위안부' 피해자들의 훼손된 인간의 존엄과 가치를 회복시켜야 할 국가의 작위의무는 헌법상의 의무"이며, "일본의 국가권력이 관여한 반인도적 불법행위를 비롯하여 식민지배와 직결된 불법행위로 인한 손해배상청구권은 '한일청구권협정'에 포함되지 않았다"는 역사정의의 판결을 통해 일제식민지책임의 전면적 확인에 더하여 인류 보편적 가치인 인권을 보장하는 적극적 평화를 추구하였던 것이다.

그러나 2015년 8월 '전후 70년 아베 담화'는 일제식민지배와 침략전쟁의 책임에 대한 부정에 더하여 일본군'위안부' 피해에 대한 책임 회피로 일관했으며, 일본은 같은 해 12월 28일 한일 외교장관 합의 이후, 일본군'위안부'의 '강제연행'과 '성노예' 피해사실 자체를 부정해왔다. 이에 지난 8월 16일 UN인종차별철폐위원회는 "피해자에 대한 사죄가 없는 정부 간 합의로 인권문제가 해결될 수 없다"는 인권위원들의 공통의견을 제시하였으며, 11월 19일 UN강제실종위원회는 최종·불가역적 해결이라는 2015년 합의에 유감을 표명하고 진상규명과 가해자에 대한 처벌까지 권고하였다. 일본 정부의 주장은 국제인권기구의 시각과 명백히 상충되는 것임을 인식하여야 할 것이다.

재단은 지금까지 묵묵히 수행해온 일본군'위안부' 피해의 역사적 진실 규명과 2005년 UN 총회에서 만장일치로 채택된 '피해자권리 기본원칙'상의 '피해자중심주의'에 따른 문제해결이라는 본연의 임무를 다하기 위해 지난 9월 일본군'위안부'연구센터를 설립하였다. 이를 계기로 일제식민지배하의 침략전쟁에 강제동원된 일본군'위안부' 피해와 관련하여, 일본이 부인할 수 없는 자료의 집대성에서 나아가 국내외 공동연구의 중심축으로서 소임을 다함으로써 진정한 역사정의의 구현에 기여해 나가고자 한다.

그러한 전제에서 일본군'위안부'연구센터는 2018년 12월 현재 공간(公刊)되어 있는 일본군'위안부' 문제 관계 자료를 통합한 총목록집 발간을 준비해 왔다. 재단은 설립 초기부터 일본군'위안부' 피해 관련 실태 규명을 위해 일본 공문서를 비롯하여, 연합군 생산 자료, 중국 지역·타이완 지역·타이 지역 자료 등을 수집해 왔다. 이 자료집은 재단이 수집해 온 자료를 토대로 여성가족부, 국사편찬위원회, 서울대 인권센터 정진성 연구팀 등이 수집한 자료를 포괄하여 종합 정리한 것으로, 일본 자료 2권, 연합군 자료 1권, 중국 지역·타이완 지역·타이 지역 자료 1권 등 총 4권으로 구성되어 있다.

이 자료집은 일본군'위안부' 문제 관련 여러 기관이 자료를 수집하여 각각의 특성을 살린 자료집을 발간하였으나 일본군'위안부' 관계 전체 목록을 파악하기 어려운 측면을 고려하여 주요 문서군을 중심으로 전체 목록을 체계적으로 정리하였다. 특히 지역별 문서군으로서 중국 지역 자료와 타이 지역 자료 목록은 처음으로 정리하여 소개하는 것이다. 그리고 자료집 목록에는 문서명을 원문과 함께 한글로 번역하고, 작성자(발신자)와 수신자, 작성시기, 지역, 출처, 소장처, 내용구분과 함께 자료의 이해를 돕기 위해 전문 연구자의 해제를 수록하여 연구 심화를 위한 편의를 제공하고자 하였다. 아울러 이 자료집의 발간과 병행하여 자료 목록 및 원문을 데이터베이스로 구축하여 재단 홈페이지에 공개함으로써 일본군'위안부' 문제 연구의 활성화에 기여하고자 한다.

이 자료집의 발간은 일본군'위안부' 문제의 본질인 일본군과 일제식민권력의 위안소 설치 및 '위안부' 강제동원 과정에서 관여와 은폐, 나아가 '위안부' 피해실태를 입증한다는 점에서 의미가 있다. 이 자료 목록집이 일본군'위안부' 관계 자료에 접근하는 길잡이의 역할을 다함으로써 일본군'위안부' 문제의 본질을 규명하고 문제의 해결 방안을 모색할 수 있기를 기대한다. 아울러 일본 정부가 '식민지배합법론'과 '한일협정완결론'을 전제로 일본군'위안부' 피해에 대한 책임을 회피하는 것은 일본군'위안부' 피해자들에 대한 지속적인 중대한 인권침해이다. 이에 대해 국제사회가 인권·정의·평화의 공동체로 나아가기 위해 정립해온 피해자중심주의에 입각하여 일본군'위안부' 문제의 해결을 위한 일본의 진정한 역사정의의 책무를 촉구하고자 한다. 이 자료집의 출간이 그러한 토대를 구축하는 데 기여할 수 있기를 기대한다.

끝으로 이 자료집이 나오기까지 각별한 관심과 애정으로 격려해 주신 이사장님과 자료집 발간의 길고 힘든 여정 속에서도 묵묵히 최선을 다해준 일본군'위안부'연구센터 연구위원 여러분의 헌신적인 노고에 깊이 감사드린다. 그리고 이 자료집의 출판 작업에 애써 주신 출판 담당 여러 선생님의 노고에도 깊은 사의를 표한다. 더하여, 2018년 9월 출범한 일본군'위안부'연구센터의 무궁한 발전을 기원하며, 역사정의를 향한 일본군'위안부' 문제 연구의 장도(壯途)에 이 자료집을 헌정하고자 한다.

2018년 12월

동북아역사재단

일본군'위안부'연구센터장 도시환

▎목차

연합군번역통역부(ATIS) 생산 자료

동남아시아번역심문센터(SEATIC) 생산 자료

네덜란드동인도군첩보국(NEFIS) 생산 자료

Y-군(중국군) 생산 자료

미군 164통신사진중대 생산 자료

미 육군 생산 자료

미 해군 생산 자료

미 해병대 생산 자료

군사정보국(MIS) 생산 자료

합동첩보수집기관(JICA) 생산 자료

태평양지역 합동첩보센터(JICPOA) 생산 자료

합동 심문센터(CSDIC) 생산 자료

남태평양군 전투첩보센터(CIC SOPAC) 생산 자료

태평양함대사령관(CINCPAC)-태평양지역사령관(CINCPOA) 생산 자료

는 Y-군 전투일지(133번) 같은 자료들이 그러한 것들이다.

연합군이 생산한 일본군'위안부' 관계 자료는 1990년대 초반부터 일본 정부 및 일본과 한국의 연구자를 통해 일부 공개되기는 했으나 체계적인 수집과 정리 및 공개가 이루어지지는 않았다. 이 때문에 연합군 자료를 활용한 '위안부' 문제 연구 또는 토론 또한 적극적이지 못했다. 그러다가 2018년 한국에서 미국에 소장되어 있는 '위안부' 관계 연합군 자료집 6권이 발간, 공개되었다. 덕분에 이 자료 목록집도 좀 더 충실한 내용을 갖출 수 있었다. 이하에서는 일본군'위안부' 문제 관계 연합군 자료의 수집 및 자료 공개 상황의 과정을 개관하고 이 자료 목록에서 다루고 있는 202개 자료의 내용을 설명하고자 한다. 이를 통해 일본군'위안부' 문제 관계 연합군 자료의 특성과 연구 및 토론의 가능성을 가늠해 보고자 한다.

2. 일본군'위안부' 문제 관계 연합군 자료 수집 및 자료집 발간 현황

연합군 자료는 일본군'위안부' 관계 최초의 자료집으로 알려진 요시미 요시아키[吉見義明]의 『종군위안부 자료집(従軍慰安婦 資料集)』(大月書店, 1992)에서부터 확인할 수 있다. 요시미 요시아키는 미국 국립문서기록관리청(NARA)에 소장되어 있던 일본군'위안부' 관계 연합군 자료 19건을 교도통신사[共同通信社] 또는 일본 시민단체에서 기증받거나 일본의 국립국회도서관 헌정자료실에서 확인할 수 있는 내용을 수집하여 자료집에 실었다.[2)]

피해 지역 중심으로 분류하였으며 모두 일본어로 번역하여 수록하였기 때문에 자료의 원 상태는 확인할 수 없다. 따라서 자료의 제목도 일본어로 번역된 상태로 확인할 수 있을 따름이다.

재미 사학자 방선주 박사는 1992년과 1997년 두 차례 논문 발표를 통해 미국 국립문서기록관리청(NARA)에서 직접 수집한 일본군'위안부' 관계 자료를 소개하고 설명하였다. 자료의 한국어 번역 내용을 소개하고 이에 대한 설명을 붙이는 방식이었기 때문에 자료의 원문은 확인할 수 없었다. 그러나 당시 자료의 문서 관리 번호를 밝히고 그 생산맥락의 분석

2) 吉見義明 編, 『従軍慰安婦 資料集』, 大月書店, 1992, 596~599쪽.

을 시도했기 때문에 후학들의 미국 소장 자료 접근과 연구 주제의 확장을 가능하게 했다.

일본 정부는 정부 차원의 일본군'위안부' 관계 자료 조사를 실시한 이후 1997년과 1998년에 걸쳐 총 5권으로 이루어진 『정부조사 「종군위안부」 관계 자료집성(政府調査「従軍慰安婦」関係資料集成)』(女性のためアジア平和国民基金 編)을 발간했다. 이 가운데 연합군 자료는 제5권에 실린 미국 국립공문서관(국립문서기록관리청의 일본어 표기) 소장 자료 37건을 통해 확인할 수 있다. 원 자료의 복사본을 수록하고 있어 자료 원문 상태를 엿볼 수 있다는 점에서 자료 활용에 많은 참고가 된다. 그러나 원 자료에 접근할 수 있는 문서 관리 번호는 밝히고 있지 않고 자료의 전체 내용 중 일본군'위안부'와 관련이 있다고 판단되는 부분만 발췌 수록해서 자료의 생산맥락과 성격은 파악하기 어렵다는 문제가 있다.

일본 여성들의 평화 자료관[女性たちの戦争と平和資料館/WAM]은 연구자 및 시민단체의 활동가가 수집한 연합군 자료들을 홈페이지(http://www.wam-peace.org)를 통해 공개하고 있다. WAM은 연합군 자료뿐만 아니라 일본 정부 및 군의 공문서, 일본에 소장되어 있는 전범(戰犯) 재판 자료들을 총망라하여 일본 정부가 인정한 자료와 미인정한 자료로 분류하여 정리했다.

서울대 사회과학대학(연구책임자 정진성)은 2002년과 2003년에 일본군'위안부' 문제에 관한 국외자료조사라는 주제의 여성부 연구용역을 수행하면서 미국 국립문서기록관리청(NARA)의 관련 자료를 조사하고 연구보고서를 제출했다. 그동안 공개되지 않았던 쿤밍[昆明]포로수용소의 연합군 조사 내용과 포로 명단을 수집해 발표하는 등 의미있는 성과가 있었으나 일본군'위안부' 문제와 관계있다고 판단되는 일부 내용만을 공개한 점은 아쉽다. 이 명단에는 중국 윈난성[雲南省] 송산(松山)의 '위안부' 피해자로 잘 알려진 북한 거주 피해여성 박영심, 윤경애 등이 포함되어 있다. 또한 문서의 원 제목은 「쿤밍의 한국인과 일본인 전쟁 포로들(Korean and Japanese prisoners of war in Kunming)」이나 보고서의 자료 제목은 「미 첩보부대 OSS의 비밀문서」라고 표기되어 자료의 본래 성격을 확인하기 어렵다. 이 보고서에는 10건의 미국 소장 자료가 실려 있지만, 위의 자료 사례와 같이 원 문서 제목을 확인하기 어렵고 전체 자료 형태도 파악하기 쉽지 않아 이 연합군 자료 목록 대상에서는 제외했다.

서울대 인권센터 정진성 연구팀(이하 서울대 연구팀)은 일본군'위안부' 관계 자료 수집,

정리 및 연구를 위해 2014년 조직된 연구팀이다. 주로 미국 소장 자료를 체계적으로 수집하고 있으며, 2017년에는 영국 국립공문서관(The National Archives United Kingdom, TNA)과 태국 국립공문서관(Office of National Archives of Thailand)의 자료도 수집하였다. 연구팀이 밝힌 바에 따르면, 미국 소장 자료의 경우 3년 넘게 자료 조사와 수집 사업을 진행하면서 '위안부' 문서 및 사진 340건, 영상 33건 총 373건의 자료를 수집했다고 한다.

서울대 연구팀의 자료 수집 내용은 2018년 3월에 발간한 『일본군 '위안부' 관계 미국 자료Ⅰ, Ⅱ, Ⅲ』(선인)(이하 서울대 자료집)을 통해 볼 수 있다. 모두 미국 국립문서기록관리청에서 수집한 자료들이며, 전체 수집한 373건의 자료 중 115건을 자료집에 수록했다. 나머지 자료는 체계적인 정리와 자료 해제를 붙여 지속적으로 자료집으로 엮어 나갈 계획이라고 한다.[3)]

2018년 5월에는 한국의 국사편찬위원회(이하 국편)에서 『남서태평양지역 총사령부 연합군번역통역부(ATIS) 문서 1, 2, 3』(국사편찬위원회)을 발간했다. 자료집의 서지사항에는 발간일자가 2017년 12월로 표기되어 있으나 일반공개는 2018년 5월에 이뤄졌다. 국사편찬위원회가 2016년부터 10년간 30억 예산을 들여 미국 국립문서기록관리청(NARA)에 소장되어 있는 일본군'위안부', 전쟁범죄 자료 수집 편찬사업을 시작한 이후 첫 번째 성과물이다. 이번에 발간된 자료는 미군 내 남서태평양총사령부 연합군번역통역부(ATIS) 생산 공문서들을 대상으로 문서 전체를 번역하고 영인본을 수록한 것이다. 1권 14건, 2권 22건, 3권 11건 모두 47건인데, 이 가운데 기존에 공개되지 않았던 자료를 이번에 새롭게 공개한 것은 22건이다.

서울대 자료집과 국편 자료집은 미국에 소장되어 있는 연합군 자료를 체계적으로 수집하고 정리하여 세계 최초로 발간한 일본군'위안부' 관계 연합군 자료집으로 주목된다. 원문에 가까운 스캔 상태로 자료를 수록했으며 한국어 번역을 하고 이에 대한 해제 작업도 하였다. 서울대 자료집이 전체 자료 내용 중 일본군'위안부' 관계 내용을 선별하여 번역한 것에 비해 국편 자료집은 자료의 전체 내용을 번역하였다. 이전에 소개된 자료들이 '위안부'와 직접 관련된 일부 원문 내용만 공개하거나 원문 공개 없이 해당 내용만 소개하였던 것에 비해 두 자료집은 원문의 전체 내용을 공개하고 생산맥락을 분석한 것이 가장 큰 특징이다.

---

3) 정진성 편, 『일본군'위안부' 관계 미국자료』 Ⅰ-Ⅲ, 선인, 2018, 14쪽.

마지막으로 이 자료 목록집에는 동북아역사재단이 미국 국립문서기록관리청에서 수집한 자료 두 건도 함께 실었다. 전략첩보국(OSS) 문서로 태국과 중국에서 생산한 자료들이다.

3. 미국 소장 연합군 자료의 원본 접근법

일본군'위안부' 문제 관계 연합군 자료를 공개하고 있는 자료집 가운데 자료의 원본에 접근할 수 있는 문서 관리 번호를 제공하고 있는 것은 서울대 자료집과 국편 자료집뿐이다. 그 외에는 자료의 소장처인 미국 국립문서기록관리청에서 관리하고 있는 자료 소장 위치를 정확하게 공개하지 않았기 때문에 자료 원본에 접근하기가 어렵다.

위의 두 자료집에서 밝히고 있는 자료의 문서 관리 번호는 알지(RG)와 엔트리(Entry), 그리고 박스(Box) 번호로 구성되어 있다. 주요 문서군인 알지(RG, Records Group)는 가장 포괄적인 문서 분류로 보통은 정부의 국 또는 독립기관들에 따라 번호가 매겨진다. 하위 단위인 엔트리(Entry)는 보통 시리즈(Series)에 따라 번호를 부여받는다. 이는 편철 체계에 따라 정리된 하나의 세트이며 동일 활동, 특정한 업무의 문서, 특정 주제, 기능을 중심으로 묶인다. 그 하위 단위인 박스(Box)는 시리즈 내의 문서를 분류해둔 상자들을 가리키는데 일관된 방식으로 분류된 것은 아니다. 따라서 미국에 소장되어 있는 자료 원본에 접근하기 위해서는 일본군'위안부' 관계 자료가 있을 만한 연합군 구성 국가의 기관이나 업무 주제에 대한 이해가 앞서야 한다. 미리 예측하고 박스를 열어본 뒤에야 일본군'위안부' 관계 자료를 찾을 수 있는 것이다.[4] 본 자료집에서는 '문서철' 부분에 RG, Entry, Box로 구성된 소장위치(로케이션) 번호를 표기했다.

이렇게 수집한 사료를 서울대 자료집은 RG-시리즈를 기준으로 중요 자료들을 선별해서 배치하고 번역과 해제를 하였다. 각 기관들이 생산하고 배포한 문서들의 특성을 드러내기 위해서다. 제1권은 RG 165 육군부 일반/특수 참모부에서 조사한 자료 32건이다. 주로 MID/MIS, ATIS, SEATIC, CSDIC 등 첩보 부서 및 조직들이 생산하거나 공람했던 문서들에 포함되어 있던 '위안부' 관계 기록이다. 제2권은 RG 208 전시정보국(OWI)에서 조사한 자

4) 정진성 편, 위의 책, 16~17쪽.

료 30건으로 구성했다. 주로 OWI 심리전, 해외작전/첩보, 지역분석 부서 및 조직, CBI(중국-버마-인도) 전구에 설치된 지부 및 전초기지들이 생산하거나 공람했던 문서들에 포함되어 있던 '위안부' 관계 기록이다. 제3권은 '위안부' 사진 컬렉션 35건과 RG 493 CBI 전구의 미 육군에서 조사한 자료 18건, 총 53건을 실었다. 연합군 자료 목록을 이해하는 데 도움이 되는 약어표는 다음과 같다.

【약어표 일람】

<table>
<tr><th>약어</th><th>원어</th><th>번역어</th><th>조직 성격
및 작전 지역</th></tr>
<tr><td>ACTC</td><td>American Co-ordinated Translation Center</td><td>미국공동번역센터</td><td></td></tr>
<tr><td>SWPA</td><td>South West Pacific Area</td><td>남서태평양지역 총사령부</td><td rowspan="2">미군과 오스트레일리아군 연합조직
필리핀을 포함한 남서태평양 지역</td></tr>
<tr><td>ATIS</td><td>Allied Translator and Interpreter Section</td><td>연합군번역통역부</td></tr>
<tr><td>CBI</td><td>China-Burma-India</td><td>중국 · 버마 · 인도</td><td></td></tr>
<tr><td>CIC</td><td>Combat Intelligence Center</td><td>전투첩보센터</td><td></td></tr>
<tr><td>CINCPAC</td><td>Commander in Chief Pacific Fleet</td><td>태평양함대사령관</td><td></td></tr>
<tr><td>CINCPOA</td><td>Commander in Chief Pacific Ocean Area</td><td>태평양지역사령관</td><td></td></tr>
<tr><td>CPMB</td><td>Captured Personnel and Material Branch</td><td>포로 및 노획물과</td><td></td></tr>
<tr><td>CSDIC</td><td>Combined Services Detailed Interrogation Centre</td><td>합동심문센터</td><td></td></tr>
<tr><td>JIC</td><td>Joint Intelligence Center</td><td>합동첩보센터</td><td></td></tr>
<tr><td>JICA</td><td>Joint Intelligence Collection Agency</td><td>합동첩보수집기관</td><td></td></tr>
<tr><td>JICPOA</td><td>Joint Intelligence Center Pacific Ocean Area</td><td>태평양지역 합동첩보센터</td><td></td></tr>
<tr><td>MID</td><td>Military Intelligence Division</td><td>군사정보부</td><td></td></tr>
<tr><td>MIS</td><td>Military Intelligence Service</td><td>군사정보국</td><td></td></tr>
<tr><td>MISLS</td><td>Military Intelligence Service Language School</td><td>군사정보국 언어학교</td><td></td></tr>
<tr><td>NEFIS</td><td>Netherlands Forces Intelligence Service</td><td>네덜란드군 첩보국</td><td>인도네시아(동인도제도)</td></tr>
</table>

ONI	Office of Naval Intelligence	해군첩보국	중앙태평양, 남서태평양 지역
OSS	Office of Strategic Service	전략첩보국	CIA의 전신 미얀마, 태국, 중국
OWI	Office of War Information	전시정보국	심리전 위주 미얀마, 태국, 중국
PWB	Prisoner of War Branch	전쟁포로과	
PWB	Psychological Warfare Branch	심리전과	
PWT	Psychological Warfare Team	심리전팀	
RNN	Royal Netherlands Naval	왕립 네덜란드 해군	
SEA	South East Asia	동남아시아	
SEATIC	South East Asia Translation and Interrogation Center	동남아시아번역심문센터	
SINTIC	Sino Translation and Interrogation Center	중국번역심눈센터	미군과 중국군의 연합 조직 중국, 미얀마
SOPAC	South Pacific Command	남태평양군	

* 서울대 자료집 1권(정진성편, 2018: 8)과 국편 자료집 1권(국사편찬위원회, 2017: 8)을 참조하여 작성

반면 국편은 미군 내 조직인 연합군번역통역부(ATIS)가 생산한 자료들을 중심으로 정리하여 자료집을 발간하였다. 미국 국립문서기록청(NARA)의 RG 38, 107, 125, 165, 208, 226, 389, 407, 493, 496, 554 등에 흩어져 관리되고 있는 문서들이다. 그 외 미국의 맥아더 아카이브(MacArthur Archives)에서도 소장하고 있는 ATIS 자료들도 포함하였다. 국편은 연합군 자료 중 '위안부' 문제 관계 자료는 특정한 문서군이나 시리즈에 일괄하여 모여져 있지 않고 수 개 문서군에 흩어져 존재하고 있음을 지적했다. 그리고 중요도와 분량을 고려하여 연합군번역통역부(ATIS) 포로심문보고서와 조사보고서를 우선적으로 발간한다고 밝히고 추후 동남아시아번역심문센터(SEATIC)와 네덜란드동인도군첩보국(Netherlands East Indies Forces Intelligence Service, NEFIS)의 순서대로 추가 자료집을 간행하겠다고 예고하였다.[5)]

이 자료 목록에 수록한 서울대 자료집과 국편 자료집에 포함된 자료들은 직접 미국 국

5) 국사편찬위원회 편, 앞의 책, 9쪽.

다. 버마에서 영국군 사진병이 촬영한 중국인 '위안부'들에 관한 사진 및 촬영정보 또한 확인할 수 있다.

분류번호 198번과 199번은 동북아역사재단이 미국 국립문서기록관리청에서 수집한 전략첩보국(OSS) 자료이다. 종전 직후 태국에 남아 있는 일본군'위안부'가 1,500명이라는 보고 내용을 확인할 수 있으며 심리전의 일환으로 전략첩보국이 중국에서 일본군의 만행을 선전하는 전단을 만들면서 '위안부' 문제를 내세운 내용을 살펴볼 수 있다.

이 외에도 전투첩보센터(CIC), 합동첩보수집기관(JICA), 군사정보국(MIS), 군사정보부(MID) 등이 생산한 자료들의 목록을 수록하였다.

5. 맺음말

이 연합군 자료 목록의 입력은 서울대 인권센터 정진성 연구팀의 곽귀병, 공준환이 수고해주었다. 역사사회학을 전공하는 두 연구자는 제2차 세계대전 전후 동아시아 및 세계체제의 변동에 관심을 갖고 지난 3년간 미국 국립문서기록관리청, 영국 국립공문서관 등에 방문하여 일본군'위안부' 관계 연합군 자료를 수집해 왔다. 서울대 자료집 발간에 참여했으며, 지난 연구경험을 반영하여 이 작업을 체계적이고 이해하기 쉽게 수행하였다.

일본군'위안부' 문제 관계 연합군 자료를 활용하여 작성한 최근의 연구논문은 그간의 연구에서 연합군 자료는 단순히 언급된 내용만이 '활용'되었을 뿐 그 내용을 둘러싼 맥락을 폭넓게 파악하지 못했다고 지적했다. 그리고 연합군 자료는 연합군이 취득한 정보뿐만 아니라 일본군'위안부' 문제에 대한 연합군의 인식을 가늠해볼 수 있다는 점에서 '위안부' 연구의 새로운 지평을 열 수 있다고 했다.[7)]

이 일본군'위안부' 문제 관계 연합군 자료 목록이 효과적인 공구가 되어 많은 연구자들이 연합군 자료에 접근하는 가이드 역할을 하기를 바란다. 자료의 충실한 정리와 적극적인 활용, 이를 통한 다양한 연구의 확장은 일본군'위안부' 문제 해결 방안의 기본 전제이기 때문이다.

---

7) 백재예, 「체계적으로 관리된 성폭력, 일본군 '위안부' 제도 – 연합군번역통역부(ATIS) 심문 보고서를 통한 재고찰」, 『사회와 역사』 114, 2017, 177~178쪽.

【참고문헌】

국사편찬위원회 편, 『일본군'위안부'·전쟁범죄 자료집 남서태평양지역 총사령부 연합군번역통역부(ATIS) 문서』 1-3, 국사편찬위원회, 2017.

吉見義明 編, 『従軍慰安婦 資料集』, 大月書店, 1992.

女性のためのアジア平和国民基金 編, 『政府調査「従軍慰安婦」関係資料集成 ①-⑤』, 龍溪書舎, 1997.

방선주, 「미국 자료에 나타난 한인 '종군위안부'의 고찰」, 『국사관논총』 37집, 1992.

방선주, 「일본군'위안부'의 귀환: 중간보고」(『일본군'위안부'문제의 진상』, 역사비평사, 1997.

백재예, 「체계적으로 관리된 성폭력, 일본군 '위안부' 제도－연합군번역통역부(ATIS) 심문 보고서를 통한 재고찰」, 『사회와 역사』 114, 2017.

정진성 편, 『일본군'위안부' 관계 미국자료』 Ⅰ-Ⅲ, 선인, 2018.

女たちの戦争と平和資料館, 日本軍「慰安婦」関連公文書 (http://wam-peace.org/ianfu-koubunsho)

일본군'위안부' 자료 목록집

연합군 자료편

일러두기

* 이 자료집의 문서철, 출처, 그리고 소장처의 약어 표기는 다음과 같다.

약어	원명
요시미 자료집	吉見義明, 『従軍慰安婦資料集』, 大月書店, 1992.
국민기금	女性のためのアジア平和国民基金 編, 『政府調査「従軍慰安婦」関係資料集成 ①-⑤』, 龍溪書舎, 1997.
WAM	女たちの戦争と平和資料 日本軍「慰安婦」関連公文書 (http://wam-peace.org/ianfu-koubunsho)
국편 자료집	국사편찬위원회, 『일본군'위안부'·전쟁범죄 자료집 남서태평양지역 총사령부 연합군번역통역부(ATIS) 문서』 1-3, 국사편찬위원회, 2017.
서울대 자료집	정진성 편, 『일본군'위안부' 관계 미국자료』 Ⅰ-Ⅲ, 선인, 2018.
NARA	National Archives and Records Administration(미국 국립문서기록관리청)
MA	MacArthur Archives(맥아더 아카이브)
TNA	The National Archives United Kingdom(영국 국립공문서관)
AWM	Austrailian War Museum(오스트레일리아 전쟁기념관)

연합군번역통역부(ATIS) 생산 자료

연합군 번역통역부(ATIS, Allied Translator and Interpreter Section)는 남서태평양 전구에 소속된 연합군의 정보기관이었다. 전쟁 중 포획한 일본군을 대상으로 심문 및 협상, 통역을 하고, 일본어 자료를 번역했다. 적군의 노획 문서를 통해 전투 및 작전 계획 명령의 구체적인 사항을 밝혀내는 것이 주요 임무였다. 마지막 몇 달 동안은 주로 일본 전쟁 범죄 조사에 주력했다.

이 조직에서 생산한 정보는 연합국의 중요한 전략적 자원으로 활용되어 적국 일본에 대한 전반적인 정책을 결정짓는 근거가 되었다. 번역과 통역은 주로 '니세이(Nisei)'라고 불린 일본계 병사가 담당하였다. 이 조직은 1942년 9월에 창설하고 1946년 4월에 공식적으로 해산했다.

1. ATIS(Allied Translator And Interpreter Section) South West Pacific Area/Interrogation Report No.24

한 글 번 역 | 연합군번역통역부 남서태평양전구/심문보고서 제24호

세 부 항 목 | 1. PREAMBLE
2. CHRONOLOGY
……
<u>20. SPECIAL INTELLIGENCE</u>
<u>b) Psychological</u>
21. GENERAL

작성연월일 | 1942.12.31

작 성 자 | 육군소령 홉킨스(L. F. Hopkinson)

수 신 자 | ATIS SWPA

국가 및 지역 | 파푸아뉴기니 라바울(Rabaul)

해 제 | 연합군번역통역부가 생산한 3등 하사관 하나키 요시다(Hanaki Yoshida)의 심문보고서.
20. 특별첩보 b) 심리 부분에 라바울의 위안소(brothel)에서 일본인과 조선인 여성을 본 적이 있다는 내용이 있음.

문 서 철 | NARA RG 554 Entry 143 Box 453
MA RG 3 Box 111

출 처 | WAM(K_US_IR024)
국민기금(5권, 9~18쪽)
국편 자료집(1권, 397~406쪽)

소 장 처 | NARA, MA

내 용 분 류 | 피해실태

2. ATIS(Allied Translator And Interpreter Section) South West Pacific Area/Interrogation Report No.25

한 글 번 역 | 연합군번역통역부 남서태평양전구/심문보고서 제25호

세 부 항 목 | ……
21. GENERAL (Social Life)

작성연월일 | 1943.1.10

작 성 자 | 육군소령 메러디스(B. C. J. Meredith)

수 신 자 | ATIS SWPA

국가 및 지역 | 파푸아뉴기니 라바울(Rabaul)

해 제 | 연합군번역통역부가 생산한 일등병 미야지 치카라(Miyaji Chikara)의 심문보고서.
21. 일반 사회생활 부분에 라바울에는 두 개의 위안소(brothel)가 있고, 조선인과 일본인 합쳐서 약 100명 정도의 여성이 있다는 내용이 있음.

문 서 철 | NARA RG 554 Entry 143 Box 453
MA RG 3 Box 111

출 처 | WAM(K_US_IR025)
국민기금(5권, 19~24쪽)
서울대 자료집(1권, 666~674쪽)
국편 자료집(1권, 407~414쪽)

소 장 처 | NARA, MA

내 용 분 류 | 피해실태

3. ATIS(Allied Translator And Interpreter Section) South West Pacific Area/Interrogation Report No.27

한 글 번 역 | 연합군번역통역부 남서태평양전구/심문보고서 제27호

세 부 항 목 | 1. PREAMBLE
2. CHRONOLOGY
……
20. SPECIAL INTELLIGENCE OR ANSWERS TO QUESTIONARIES
Psychological

작성연월일 | 1943.1.28

작 성 자 | 육군소령 메러디스(B. C. J. Meredith)

수 신 자 | ATIS SWPA

국가 및 지역 | 파푸아뉴기니 라바울(Rabaul)

해 제 | 연합군번역통역부가 생산한 상등병 아리타 카조(Arita kazo)의 심문보고서. 20. 특별첩보 또는 질문에 대한 답의 '심리' 부분에 라바울에는 일본인 여성과 조선인 여성이 있는 위안소(brothel)가 있다는 내용이 있음.

문 서 철 | NARA RG 554 Entry 143 Box 453
MA RG 3 Box 111

출 처 | WAM(K_US_IR027)
국민기금(5권, 25~28쪽)
국편 자료집(1권, 415~423쪽)

소 장 처 | NARA, MA

내 용 분 류 | 피해실태

4. ATIS(Allied Translator And Interpreter Section) South West Pacific Area/Interrogation Report No.28

한 글 번 역 | 연합군번역통역부 남서태평양전구/심문보고서 제28호

세 부 항 목 | 1. PREAMBLE
2. CHRONOLOGY
……
<u>20. SPECIAL INTELLIGENCE OR ANSWERS TO QUESTIONARIES</u>

작성연월일 | 1943.1.30

작 성 자 | 육군소령 메러디스(B. C. J. Meredith)

수 신 자 | ATIS SWPA

국가 및 지역 | 필리핀 마닐라(Manila), 다바오(Davao), 파푸아뉴기니 라바울(Rabaul)

해 제 | 연합군번역통역부가 생산한 일등병 데라다 카즈요시(Terada Kazuyoshi)의 심문보고서.
20. 특별첩보 또는 질문에 대한 답 부분에 위안소(brothel)의 여성은 검진을 받고 있었기 때문에 군인에게서 병이 옮는 자는 많지 않았음. 위안소는 군이 관리하고, 대개 주요 도시에 있었음. 자신은 마닐라에 있는 위안소에 갔었는데 조선인, 필리핀인, 중국인 여성 10명이 있는 위안소가 5~6채 있었음. 다바오와 라바울에도 위안소가 있다고 들었음. 위안소는 분명하게 일본어로 "IANJO(이안조-慰安所)"로 표시되어 있었기 때문에 찾기 쉬웠다는 내용이 있음.

문 서 철 | NARA RG 554 Entry 143 Box 453
MA RG 3 Box 111

출 처 | WAM(K_US_IR028)
국민기금(5권, 29~32쪽)
요시미 자료집(465~467쪽)
국편 자료집(1권, 424~433쪽)

소 장 처 | NARA, MA

내 용 분 류 | 피해실태/위생/관리감독

5. ATIS(Allied Translator And Interpreter Section) South West Pacific Area/Interrogation Report No.30

한 글 번 역 | 연합군번역통역부 남서태평양전구/심문보고서 제30호

세 부 항 목 | 20. SPECIAL INTELLIGENCE OR ANSWERS TO QUESTIONARIES Psychological

작성연월일 | 1943.2.2

작 성 자 | 육군소령 메러디스(B. C. J. Meredith)

수 신 자 | ATIS SWPA

국가 및 지역 | 인도네시아 벨라완(Belawan)

해 제 | 연합군번역통역부가 생산한 일등병 이시구로 기요이치(Ishiguro Kiyoichi)의 심문보고서.

20. 특별첩보 또는 질문에 대한 답의 '심리' 부분에 벨라완에는 육군 공인 위안소(official Army brothel)가 한 채 있어 현지 여성 2명과 중국인 여성 6명이 일하고 있었음. 성병에 대해서는 엄중한 예방책이 취해졌다는 내용이 있음.

문 서 철 | NARA RG 554 Entry 143 Box 453
MA RG 3 Box 111

출 처 | WAM(K_L_IR030)
국민기금(5권, 33~38쪽)
국편 자료집(1권, 434~444쪽)

소 장 처 | NARA, MA

내 용 분 류 | 피해실태/위생

6. ATIS(Allied Translator And Interpreter Section) South West Pacific Area/Interrogation Report No.31

한 글 번 역 | 연합군번역통역부 남서태평양전구/심문보고서 제31호

세 부 항 목 | 1. PREAMBLE

2. CHRONOLOGY

……

20. SPECIAL INTELLIGENCE OR ANSWERS TO QUESTIONARIES

Psychological

작성연월일 | 1943.2.1

작 성 자 | 육군소령 메러디스(B. C. J. Meredith)

수 신 자 | ATIS SWPA

국가 및 지역 | 필리핀 다바오(Davao)

해 제 | 연합군번역통역부가 생산한 일등병 무토 요키치(Muto Yokichi)의 심문보고서. 20. 특별첩보 또는 질문에 대한 답의 '심리' 부분에 위안소(brothel)는 군에 제공되었으며, 다바오의 위안소에서 조선인, 타이완인 및 현지의 위안부를 보았다는 내용이 있음.

문 서 철 | NARA RG 554 Entry 143 Box 453

MA RG 3 Box 111

출 처 | WAM(K_L_IR031)

국민기금(5권, 39~42쪽)

요시미 자료집(468~469쪽)

국편 자료집(1권, 445~456쪽)

소 장 처 | NARA, MA

내 용 분 류 | 피해실태

7. ATIS(Allied Translator And Interpreter Section) South West Pacific Area/Interrogation Report No.34

한 글 번 역 | 연합군번역통역부 남서태평양전구/심문보고서 제34호

세 부 항 목 | ……

13. MORALE & PROPAGANDA (Conditions in Fighting Services)

14. ENEMY INTENTIONS

15. WASTAGE OR CASUALTIES

16. CHEMICAL WARFARE

17. TOPOGRAPHY

18. MEDICAL

19. ALLIED FORCES

작성연월일 | 1943.2.23

작 성 자 | 육군소령 메러디스(B. C. J. Meredith)

수 신 자 | ATIS SWPA

국가 및 지역 | 중국 상하이(Shanghai), 필리핀 민다나오(Mindanao)

해 제 | 연합군번역통역부가 생산한 병장 야마시타 노부유키(Yamashita Nobuyuki)의 심문보고서.

13. 사기와 선전 중 '전투 복무의 상황' 부분에 상하이에는 군이 통제하는 조선인 여성이 있는 위안소(brothel)가 있었지만 어느 위안소도 방문한 적이 없음. 민다나오에 한 채의 위안소가 설치됐을 것이라는 이야기를 들었다는 내용이 있음.

문 서 철 | NARA RG 554 Entry 143 Box 453

MA RG 3 Box 111

출 처 | WAM(K_L_IR034)

국민기금(5권, 43~48쪽)

요시미 자료집(470~471쪽)

국편 자료집(1권, 457~463쪽)

소 장 처 | NARA, MA

내 용 분 류 | 피해실태

8. ATIS(Allied Translator And Interpreter Section) South West Pacific Area/Interrogation Report No.37

한 글 번 역 | 연합군번역통역부 남서태평양전구/심문보고서 제37호

세 부 항 목 | 1. PREAMBLE 2. CHRONOLOGY
3. CAPTURE 4. UNIT OR FORCE
5. IDENTIFICATION 6. PERSONALITIES
……
13. MORALE & PROPAGANDA (Conditions in Fighting Services)
14. ENEMY INTENTIONS 15. WASTAGE OR CASUALTIES
16. CHEMICAL WARFARE 17. TOPOGRAPHY

작성연월일 | 1943.2.23

작 성 자 | 육군소령 메러디스(B. C. J. Meredith)

수 신 자 | ATIS SWPA

국가 및 지역 | –

해 제 | 연합군번역통역부가 생산한 일등병 구마가에 시게시사(Kumagae Shigeshisa)의 심문보고서.
13. 사기와 선전 중 '전투 복무의 상황' 부분에 일본군 부대가 대거 주둔한 곳에는 일본군에 의해 위안소(brothel)가 설치되었음. 일반적으로 조선인과 중국인 여성이 고용되었지만, 때때로 현지 여성도 고용됨. 이익은 제공자들(Services)에게 갔다는 내용이 있음. 위안소가 위치한 곳의 지명은 나타나 있지 않지만 심문 대상자의 부대는 하이난섬, 싱가포르, 마닐라, 다바오를 거쳐 팔라우로 이동했고 최종적으로는 라바울에 도착했음.

문 서 철 | NARA RG 554 Entry 143 Box 453
MA RG 3 Box 111

출 처 | WAM(K_L_IR037)
국민기금(5권, 49~52쪽)
요시미 사료집(472~474쪽)
국편 자료집(1권, 464~473쪽)

소 장 처 | NARA, MA

내 용 분 류 | 피해실태

9. Interrogation Report No.38(Serial No.56)

한 글 번 역 | 심문보고서 제38호(일련번호 제56호)

세 부 항 목 | 1. PREAMBLE　2. CHRONOLOGY
3. CAPTURE　4. UNIT OR FORCE
5. IDENTIFICATIONS　6. PERSONALITIES
7. SHIPS SERVED IN OR PARTICULARS OF PW'S AIRCRAFT
8. ENEMY EQUIPMENT　9. ENEMY METHODS
10. COMMUNICATIONS　11. DEFENCES
12. ENEMY SUPPLIES
<u>13. MORALE & PROPAGANDA (Conditions in Fighting Services)</u>
14. ENEMY INTENTIONS　15. WASTAGE OR CASUALTIES
16. CHEMICAL WARFARE　17. TOPOGRAPHY
18. MEDICAL　19. ALLIED FORCES

작성연월일 | 1943.3.4

작 성 자 | 육군소령 메러디스(B. C. J. Meredith)

수 신 자 | ATIS SWPA

국가 및 지역 | 파푸아뉴기니 라바울(Rabaul)

해 제 | 연합군번역통역부가 생산한 육군 일병 쿠니사와 유키(Kunisawa Yuki)의 심문 보고서.
13. 사기와 선전 중 '전투 복무의 상황' 부분에 라바울 시내에 위안소(brothel)가 있었지만 방문한 적이 없고 위안부에 대해서도 아는 것이 없다는 내용이 있음.

문 서 철 | NARA RG 554 Entry 143 Box 453
MA RG 3 Box 111

출 처 | 국편 자료집(1권, 474~484쪽)

소 장 처 | NARA, MA

내 용 분 류 | 피해실태

10. Interrogation Report No.39(Serial No.57)

한 글 번 역 | 심문보고서 제39호(일련번호 제57호)

세 부 항 목 | 1. PREAMBLE 2. CHRONOLOGY
3. CAPTURE 4. UNIT OR FORCE
5. IDENTIFICATIONS 6. PERSONALITIES
7. SHIPS SERVED IN OR PARTICULARS OF PW'S AIRCRAFT
8. ENEMY EQUIPMENT 9. ENEMY METHODS
11. DEFENCES 12. ENEMY SUPPLIES
13. MORALE & PROPAGANDA (Conditions in Fighting Services)
15. WASTAGE OR CASUALTIES 19. ALLIED FORCES

작성연월일 | 1943.3.4

작 성 자 | 육군소령 메러디스(B. C. J. Meredith)

수 신 자 | ATIS SWPA

국가 및 지역 | 파푸아뉴기니

해 제 | 연합군번역통역부가 생산한 일본육군(야자와부대 고이와이대대 기관총중대) 소위 와타나베 후쿠이치(Watanabe Fukuichi)의 심문보고서.
13. 사기와 선전 중 '전투 복무의 상황' 부분에 위안소(brothel)가 있었지만 방문한 적이 없다는 내용이 있음.
포로는 파푸아뉴기니 라바울(Rabaul), 부나(Buna), 바사(Basa), 이수라바(Isurava), 와마이(Wamai), 오이비(Oivi) 등을 거쳤지만, 포로가 위안소가 있다고 들은 지역은 자료상에 나와있지 않음.

문 서 철 | NARA RG 554 Entry 143 Box 453
MA RG 3 Box 111

출 처 | 국편 자료집(1권, 485~495쪽)

소 장 처 | NARA, MA

내 용 분 류 | 피해실태

13. ATIS(Allied Translator And Interpreter Section) South West Pacific Area/Interrogation Report No.48

한 글 번 역 | 연합군번역통역부 남서태평양전구/심문보고서 제48호

세 부 항 목 | 1. PREAMBLE

2. CHRONOLOGY

……

13. MORALE & PROPAGANDA (Conditions in Fighting Services)

15. WASTAGE OR CASUALTIES

16. CHEMICAL WARFARE

작성연월일 | 1943.4.7

작 성 자 | 육군소령 메러디스(B. C. J. Meredith)

수 신 자 | ATIS SWPA

국가 및 지역 | –

해 제 | 연합군번역통역부가 생산한 소위 나카 마사오(Naka Masao)의 심문보고서.

13. 사기와 선전 중 '전투 복무의 상황' 부분에 '위안소(brothel)가 군에 제공되었고, 그곳에 있던 여성 대부분은 일본인과 조선인이었음. 성병에 걸렸던 병사 몇을 알았는데 그들 대부분이 치료 뒤 회복되었다'는 내용이 있음.

위안소가 위치한 곳의 지명은 나타나 있지만 심문 대상자의 부대는 말레이시아, 싱가포르, 다바오를 거쳐 라바울로 이동했고 이후 파푸아뉴기니에서 포로가 되었음.

문 서 철 | NARA RG 554 Entry 143 Box 453

MA RG 3 Box 111

출 처 | WAM(K_L_IR048)

국민기금(5권, 59~62쪽)

국편 자료집(2권, 329~339쪽)

소 장 처 | NARA, MA

내 용 분 류 | 피해실태

14. Interrogation Report No.49(Serial No.86)

한 글 번 역 | 심문보고서 제49호(일련번호 제86호)

세 부 항 목 | 1. PREAMBLE

2. CHRONOLOGY

3. CAPTURE

4. UNIT OR FORCE

5. IDENTIFICATIONS

6. PERSONALITIES

9. ENEMY METHODS

10. COMMUNICATIONS

11. DEFENCES

12. ENEMY SUPPLIES

13. MORALE & PROPAGANDA (Conditions in Fighting Services)

15. WASTAGE OR CASUALTIES

16. CHEMICAL WARFARE

17. TOPOGRAPHY

18. MEDICAL

작성연월일 | 1943.4.9

작 성 자 | 육군소령 메러디스(B. C. J. Meredith)

수 신 자 | ATIS SWPA

국가 및 지역 | 파푸아뉴기니 라바울(Rabaul)

해 제 | 연합군번역통역부가 생산한 육군 일병 가와쿠보 야스이치(Kawakubo Yasuichi)의 심문보고서.
13. 사기와 선전 중 '전투 복무의 상황' 부분에 라바울 위안소(brothel)에 있는 일본인과 중국인 여성을 보았다는 내용이 있음.

문 서 철 | NARA RG 554 Entry 143 Box 453
MA RG 3 Box 111

출 처 | 국편 자료집(2권, 340~347쪽)

소 장 처 | NARA, MA

내 용 분 류 | 피해실태

15. ATIS(Allied Translator And Interpreter Section) South West Pacific Area/Interrogation Report No.50

한 글 번 역 | 연합군번역통역부 남서태평양전구/심문보고서 제50호

세 부 항 목 | 1. PREAMBLE

2. CHRONOLOGY

……

<u>13. MORALE & PROPAGANDA (Conditions in Fighting Services)</u>

14. ENEMY INTENTIONS

15. WASTAGE OR CASUALTIES

작성연월일 | 1943.4.9

작 성 자 | 육군소령 메러디스(B. C. J. Meredith)

수 신 자 | ATIS SWPA

국가 및 지역 | 파푸아뉴기니 라바울(Rabaul)

해 제 | 연합군번역통역부가 생산한 병장 곤도 유조(Kondo Yuzo)의 심문보고서. 13. 사기와 선전 중 '전투 복무의 상황' 부분에 라바울의 위안소(brothel)는 군대의 관리하에 있었고, 일본여성이 일하고 있었다는 내용이 있음.

문 서 철 | NARA RG 554 Entry 143 Box 453

MA RG 3 Box 111

출 처 | WAM(K_L_IR050)

국민기금(5권, 63~66쪽)

국편 자료집(2권, 348~355쪽)

소 장 처 | NARA, MA

내 용 분 류 | 피해실태/관리감독

16. ATIS(Allied Translator And Interpreter Section) South West Pacific Area/Interrogation Report No.52

한 글 번 역 | 연합군번역통역부 남서태평양전구/심문보고서 제52호

세 부 항 목 | 1. PREAMBLE

2. CHRONOLOGY

……

13. MORALE & PROPAGANDA (Conditions in Fighting Services)

14. ENEMY INTENTIONS

15. WASTAGE OR CASUALTIES

16. CHEMICAL WARFARE

17. TOPOGRAPHY

작성연월일 | 1943.4.13

작 성 자 | 육군소령 메러디스(B. C. J. Meredith)

수 신 자 | ATIS SWPA

국가 및 지역 | 인도차이나, 중국, 파푸아뉴기니 라바울(Rabaul)

해 제 | 연합군번역통역부가 생산한 상등병 야마다 치요카즈(Yamada Chiyokazu)의 심문보고서.

13. 시기와 선전 중 '전투 복무의 상황' 부분에 위안소(brothel)는 육군에 의하여 프랑스령 인도차이나(일본인 여성), 중국(일본인 여성 및 중국인 여성), 라바울(여성 국적 불명)에 설치되어 있었다는 내용이 있음.

문 서 철 | NARA RG 554 Entry 143 Box 453

MA RG 3 Box 111

출 처 | WAM(K_L_IR052)

국민기금(5권, 67~70쪽)

국편 자료집(2권, 356~367쪽)

소 장 처 | NARA, MA

내 용 분 류 | 피해실태/설치

17. ATIS(Allied Translator And Interpreter Section) South West Pacific Area/Interrogation Report No.53

한 글 번 역 | 연합군번역통역부 남서태평양전구/심문보고서 제53호

세 부 항 목 | 1. PREAMBLE

2. CHRONOLOGY

……

<u>13. MORALE & PROPAGANDA (Conditions in Fighting Services)</u>

14. ENEMY INTENTIONS

15. WASTAGE OR CASUALTIES

16. CHEMICAL WARFARE

작성연월일 | 1943.4.13

작 성 자 | 육군소령 메러디스(B. C. J. Meredith)

수 신 자 | ATIS SWPA

국가 및 지역 | 파푸아뉴기니 라바울(Rabaul)

해 제 | 연합군번역통역부가 생산한 준위 마츠시마 히치헤이(Matsushima Hichihei)의 심문보고서.

13. 사기와 선전 중 '전투 복무의 상황' 부분에 육군은 중국인, 조선인, 타이완인 및 일본인 여성이 있는 위안소(brothel)를 설치했음. 현지인 여성은 없었다는 내용이 있음.

위안소의 위치에 관한 내용이 직접적으로 표시되지는 않았지만 이 심문 대상자는 라바울로 바로 배치되었기 때문에 라바울 위안소의 이야기인 것으로 보임.

문 서 철 | NARA RG 554 Entry 143 Box 453

MA RG 3 Box 111

출 처 | WAM(K_L_IR053)

국민기금(5권, 71~74쪽)

국편 자료집(2권, 368~380쪽)

소 장 처 | NARA, MA

내 용 분 류 | 피해실태/설치

18. Interrogation Report No.54(Serial No.95)

한 글 번 역 | 심문보고서 제54호(일련번호 제95호)

세 부 항 목 | 1. PREAMBLE 2. CHRONOLOGY
3. CAPTURE 4. UNIT OR FORCE
5. IDENTIFICATIONS 6. PERSONALITIES
8. ENEMY EQUIPMENT 9. ENEMY METHODS
10. COMMUNICATIONS 11. DEFENCES
12. ENEMY SUPPLIES
<u>13. MORALE & PROPAGANDA (Conditions in Fighting Services)</u>
15. WASTAGE OR CASUALTIES 17. TOPOGRAPHY
18. MEDICAL 19. ALLIED FORCES
20. SPECIAL INTELLIGENCE OR ANSWERS TO QUESTIONNAIRE
21. GENERAL

작성연월일 | 1943.4.14

작 성 자 | 육군소령 홉킨스(L. G. Hopkinson)

수 신 자 | ATIS SWPA

국가 및 지역 | 파푸아뉴기니

해 제 | 연합군번역통역부가 생산한 해군대위 이나가키 리이치(Inagaki Riichi)의 심문보고서.
13. 사기와 선전 중 '전투 복무의 상황' 부분에 육군과 해군 모두 위안소(brothel)를 제공하고 있다는 것을 알고 있었지만, 심문대상 포로에게 이 주제는 불쾌하고 추잡한 것이었다는 내용이 있음.

문 서 철 | NARA RG 554 Entry 143 Box 453
MA RG 3 Box 111

출 처 | 국편 자료집(2권, 381~392쪽)

소 장 처 | NARA, MA

내 용 분 류 | 피해실태/설치

비 고 | 작성자인 홉킨스는 다른 문서들에는 L. F. Hopkinson로 표기되어 있지만, 이 문서의 원문에는 L. G. Hopkinson로 표기되어 있음.

21. ATIS(Allied Translator And Interpreter Section) South West Pacific Area/Interrogation Report No.60

한 글 번 역 | 연합군번역통역부 남서태평양전구/심문보고서 제60호

세 부 항 목 | 1. PREAMBLE

2. CHRONOLOGY

……

12. ENEMY SUPPLIES

<u>13. MORALE & PROPAGANDA (Conditions in Fighting Services)</u>

작성연월일 | 1943.4.17

작 성 자 | 육군소령 메러디스(B. C. J. Meredith)

수 신 자 | ATIS SWPA

국가 및 지역 | 파푸아뉴기니 라바울(Rabaul)

해 제 | 연합군번역통역부가 생산한 일등병 기타무라 요키치(Kitamura Yokichi)의 심문 보고서.

13. 사기와 선전 중 '전투 복무의 상황' 부분에 육군 작전지역의 경우 위안소(brothel)는 육군이 개설, 관리했음. 라바울 위안소에 고용되어 있던 위안부의 상세한 사항에 대해서 자신은 모름. 그는 군에서 두 건의 성병 사례를 들었으나 흔한 일은 아니었다는 내용이 있음.

문 서 철 | NARA RG 554 Entry 143 Box 453

MA RG 3 Box 111

출 처 | WAMK_US_IR060)

국민기금(5권, 79~82쪽)

요시미 자료집(475~476쪽)

국편 자료집(2권, 424~433쪽)

소 장 처 | NARA, MA

내 용 분 류 | 피해실태/위생/설치/관리감독

22. Interrogation Report No.61(Serial No.104)

한 글 번 역 | 심문보고서 제61호(일련번호 제104호)

세 부 항 목 | 1. PREAMBLE 2. CHRONOLOGY
3. CAPTURE 4. UNIT OR FORCE
5. IDENTIFICATIONS 6. PERSONALITIES
8. ENEMY EQUIPMENT 9. ENEMY METHODS
10. COMMUNICATIONS 12. ENEMY SUPPLIES
13. MORALE & PROPAGANDA (Conditions in Fighting Services)
16. CHEMICAL WARFARE 17. TOPOGRAPHY
18. MEDICAL 19. ALLIED FORCES

작성연월일 | 1943.4.17

작 성 자 | 육군소령 메러디스(B. C. J. Meredith)

수 신 자 | ATIS SWPA

국가 및 지역 | 파푸아뉴기니 라바울(Rabaul)

해 제 | 연합군번역통역부가 생산한 일본군 군조 아오키 소라오(Aoki Sorao)의 심문보고서.
13. 사기와 선전 중 '전투 복무의 상황' 부분에 라바울에는 육군에서 제공하는 위안소(brothel)들이 있고 포로는 일본인과 조선인 여성이 있는 한 곳을 방문한 적이 있음. 장교, 하사관, 사병에게 별도의 위안소(house)가 제공되었다는 내용이 있음.

문 서 철 | NARA RG 554 Entry 143 Box 453
MA RG 3 Box 111

출 처 | 국편 자료집(2권, 434~441쪽)

소 장 처 | NARA, MA

내 용 분 류 | 피해실태/이용

23. Interrogation Report No.62(Serial No.105)

한 글 번 역 | 심문보고서 제62호(일련번호 제105호)

세 부 항 목 | 1. PREAMBLE 2. CHRONOLOGY
3. CAPTURE 4. UNIT OR FORCE
5. IDENTIFICATIONS 8. ENEMY EQUIPMENT
9. ENEMY METHODS 10. COMMUNICATIONS
11. DEFENCES 12. ENEMY SUPPLIES
13. MORALE & PROPAGANDA (Conditions in Fighting Services)
15. WASTAGE OR CASUALTIES 16. CHEMICAL WARFARE
17. TOPOGRAPHY 18. MEDICAL
19. ALLIED FORCES
20. SPECIAL INTELLIGENCE OR ANSWERS TO QUESTIONNAIRE

작성연월일 | 1943.4.17

작 성 자 | 육군소령 메러디스(B. C. J. Meredith)

수 신 자 | ATIS SWPA

국가 및 지역 | 파푸아뉴기니 라바울(Rabaul)

해 제 | 연합군번역통역부가 생산한 육군 병장 다마오키 아키라(Tamaoki Akira)의 심문보고서.
13. 사기와 선전 중 '전투 복무의 상황' 부분에 육군은 라바울에 위안소(brothel)들을 제공했지만, 포로는 그곳에 있는 사람들의 국적은 알지 못했다는 내용이 있음.
포로의 대답에 미루어 볼 때 미군이 포로 심문을 통해 '위안부'의 민족별 구성을 알아내려 하고 있는 것을 알 수 있음.

문 서 철 | NARA RG 554 Entry 143 Box 453
MA RG 3 Box 111

출 처 | 국편 자료집(2권, 442~451쪽)

소 장 처 | NARA, MA

내 용 분 류 | 피해실태

24. ATIS(Allied Translator And Interpreter Section) South West Pacific Area/Interrogation Report No.63

한 글 번 역 | 연합군번역통역부 남서태평양전구/심문보고서 제63호

세 부 항 목 | 1. PREAMBLE
2. CHRONOLOGY
......
13. MORALE & PROPAGANDA (Conditions in Fighting Forces)

작성연월일 | 1943.4.19

작 성 자 | 육군소령 메러디스(B. C. J. Meredith)

수 신 자 | ATIS SWPA

국가 및 지역 | 파푸아뉴기니 라바울(Rabaul)

해 제 | 연합군번역통역부가 생산한 일본군 상등병 노마 츠네노리(Noma Tsunenori)의 심문보고서.
13. 사기와 선전 중 '전투 복무의 상황' 부분에 라바울에는 위안소(brothel)가 있다고 들었고, 육상임무 부대의 지시하에 민간인이 경영한 것으로 보인다고 했음. 그곳의 여성은 "쓸모가 없는" 일본인이었다는 내용이 있음.

문 서 철 | NARA RG 554 Entry 143 Box 453
MA RG 3 Box 111

출 처 | WAM(K_US_IR063)
국민기금(5권, 83~86쪽)
요시미 자료집(477~479쪽)
국편 자료집(2권, 452~458쪽)

소 장 처 | NARA, MA

내 용 분 류 | 피해실태

25. Interrogation Report No.64(Serial No.114)

한 글 번 역 | 심문보고서 제64호(일련번호 제114호)

세 부 항 목 | 1. PREAMBLE
2. CHRONOLOGY
3. CAPTURE
4. UNIT OR FORCE
5. IDENTIFICATIONS
6. PERSONALITIES
9. ENEMY METHODS
10. COMMUNICATIONS
<u>13. MORALE & PROPAGANDA (Conditions in Fighting Services)</u>
15. WASTAGE OR CASUALTIES
18. MEDICAL
19. ALLIED FORCES
20. SPECIAL INTELLIGENCE OR ANSWERS TO QUESTIONNAIRE

작성연월일 | 1943.4.28

작 성 자 | 육군대령 시드니 마시빌(Sidney F. Mashbir)

수 신 자 | ATIS SWPA

국가 및 지역 | 중국 캔톤(Canton)

해 제 | 연합군번역통역부가 생산한 일본군 육군 하사관 조 소이치(Cho Soichi)의 심문 보고서.
13. 사기와 선전 중 '전투 복무의 상황' 부분에 중국인과 조선인 여성이 있는 캔톤(canton)의 위안소(brothel)들을 알고 있다는 내용이 있음.
* 캔톤은 중국의 광둥[廣東], 광저우[廣州] 지역을 가리킴.

문 서 철 | NARA RG 554 Entry 143 Box 453
MA RG 3 Box 111

출 처 | 국편 자료집(2권, 459~465쪽)

소 장 처 | NARA, MA

내 용 분 류 | 피해실태

26. Interrogation Report No.65(Serial No.115)

한 글 번 역 | 심문보고서 제65호(일련번호 제115호)

세 부 항 목 | 1. PREAMBLE　2. CHRONOLOGY
3. CAPTURE　4. UNIT OR FORCE
5. IDENTIFICATIONS　6. PERSONALITIES
8. ENEMY EQUIPMENT　9. ENEMY METHODS
10. COMMUNICATIONS　11. DEFENCES
12. ENEMY SUPPLIES
13. MORALE & PROPAGANDA (Conditions in Fighting Services)
15. WASTAGE OR CASUALTIES　16. CHEMICAL WARFARE
17. TOPOGRAPHY　18. MEDICAL
19. ALLIED FORCES
20. SPECIAL INTELLIGENCE OR ANSWERS TO QUESTIONNAIRE

작성연월일 | 1943.4.28

작 성 자 | 육군대령 시드니 마시빌(Sidney F. Mashbir)

수 신 자 | ATIS SWPA

국가 및 지역 | 중국 캔톤(Canton)

해 제 | 연합군번역통역부가 생산한 일본군육군 상병 오미야 미키오(Omiya Mikiwo)의 심문보고서.
13. 사기와 선전 중 '전투 복무의 상황' 부분에 캔톤인, 조선인, 일본인 여성이 있는 위안소(brothel)들을 보았다는 내용이 있음.
* 캔톤(canton)은 중국의 광둥[廣東], 광저우[廣州] 지역을 가리킴.

문 서 철 | NARA RG 554 Entry 143 Box 453
MA RG 3 Box 111

출 처 | 국편 자료집(2권, 466~477쪽)

소 장 처 | NARA, MA

내 용 분 류 | 피해실태

27. ATIS(Allied Translator And Interpreter Section) South West Pacific Area/Interrogation Report No.67

한 글 번 역 | 연합군번역통역부 남서태평양전구/심문보고서 제67호

세 부 항 목 | 1. PREAMBLE
2. CHRONOLOGY
……
<u>13. MORALE & PROPAGANDA (Conditions in Fighting Services)</u>
14. ENEMY INTENTIONS
15. WASTAGE OR CASUALTIES
16. CHEMICAL WARFARE
17. TOPOGRAPHY
18. MEDICAL

작성연월일 | 1943.4.30

작 성 자 | 육군대령 시드니 마시빌(Sidney F. Mashbir)

수 신 자 | ATIS SWPA

국가 및 지역 | 파푸아뉴기니 라바울(Rabaul)

해 제 | 연합군번역통역부가 생산한 일본군 중국인 군속 웅 와이(Oong Wai)의 심문보고서.
13. 사기와 선전 중 '전투 복무의 상황' 부분에 중국인 인부들은 라바울 위안소(brothel)의 출입이 금지되었음. 위안소는 군에 의해 유지되었고, 그 안에는 조선인이 있었다는 내용이 있음.

문 서 철 | NARA RG 554 Entry 143 Box 453
MA RG 3 Box 111

출 처 | WAM(K_US_IR067)
국민기금(5권, 87~90쪽)
요시미 자료집(480~481쪽)
국편 자료집(2권, 478~484쪽)

소 장 처 | NARA, MA

내 용 분 류 | 피해실태/관리감독

28. Interrogation Report No.70(Serial No.120)

한 글 번 역 | 심문보고서 제70호(일련번호 제120호)

세 부 항 목 | 1. PREAMBLE

2. CHRONOLOGY

3. CAPTURE

4. UNIT OR FORCE

6. PERSONALITIES

9. ENEMY METHODS

10. COMMUNICATIONS

12. ENEMY SUPPLIES

13. MORALE & PROPAGANDA (Conditions in Fighting Services)

16. CHEMICAL WARFARE

17. TOPOGRAPHY

18. MEDICAL

19. ALLIED FORCES

20. SPECIAL INTELLIGENCE OR ANSWERS TO QUESTIONNAIRE

작성연월일 | 1943.5.3

작 성 자 | 육군대령 시드니 마시빌(Sidney F. Mashbir)

수 신 자 | ATIS SWPA

국가 및 지역 | 파푸아뉴기니 라바울(Rabaul)

해 제 | 연합군번역통역부가 생산한 일본군육군 병장 다무라 히로시(Tamura Hiroshi) 의 심문보고서.

13. 사기와 선전 중 '전투 복무의 상황' 부분에 라바울의 위안소(brothel)들을 알고 있고 그곳의 사람들은 일본인과 조선인 여성들이었다는 내용이 있음.

문 서 철 | NARA RG 554 Entry 143 Box 453

MA RG 3 Box 111

출 처 | 국편 사료집(2권, 485~491쪽)

소 장 처 | NARA, MA

내 용 분 류 | 피해실태

29. Interrogation Report No.73(Serial No.124)

한 글 번 역 | 심문보고서 제73호(일련번호 제124호)

세 부 항 목 | 1. PREAMBLE 2. CHRONOLOGY
3. CAPTURE 4. UNIT OR FORCE
5. IDENTIFICATIONS
7. SHIPS SERVED IN OR PARTICULARS OF PW'S AIRCRAFT
8. ENEMY EQUIPMENT 9. ENEMY METHODS
10. COMMUNICATIONS
13. MORALE & PROPAGANDA (Conditions in Fighting Services)
15. WASTAGE OR CASUALTIES 17. TOPOGRAPHY
18. MEDICAL 19. ALLIED FORCES

작성연월일 | 1943.5.7

작 성 자 | 육군대령 시드니 마시빌(Sidney F. Mashbir)

수 신 자 | ATIS SWPA

국가 및 지역 | 파푸아뉴기니 라바울(Rabaul)

해 제 | 연합군번역통역부가 생산한 일본군 해군중위 이이즈카 유타카(Iizuka Yutaka)의 심문보고서.
13. 사기와 선전 중 '전투 복무의 상황' 부분에 포로는 라바울과 같은 곳에 있는 위안소(brothel)들이 민간인이 운영하고 군의 통제를 받는다고 생각했음. 라바울에 한 달 머무는 동안 위안소에는 가본 적이 없어 분명하게 말할 수 있는 것은 없다는 내용이 있음.

문 서 철 | NARA RG 554 Entry 143 Box 453
MA RG 3 Box 111

출 처 | 국편 자료집(2권, 492~499쪽)

소 장 처 | NARA, MA

내 용 분 류 | 관리감독

30. Interrogation Report No.75(Serial No.128)

한 글 번 역 | 심문보고서 제75호(일련번호 제128호)

세 부 항 목 | 1. PREAMBLE 2. CHRONOLOGY
3. CAPTURE 4. UNIT OR FORCE
5. IDENTIFICATIONS 6. PERSONALITIES
8. ENEMY EQUIPMENT 9. ENEMY METHODS
10. COMMUNICATIONS 11. DEFENCES
12. ENEMY SUPPLIES
13. MORALE & PROPAGANDA (Conditions in Fighting Services)
14. ENEMY INTENTIONS 15. WASTAGE OR CASUALTIES
16. CHEMICAL WARFARE 17. TOPOGRAPHY
18. MEDICAL 19. ALLIED FORCES

작성연월일 | 1943.5.9

작 성 자 | 육군대령 시드니 마시빌(Sidney F. Mashbir)

수 신 자 | ATIS SWPA

국가 및 지역 | 파푸아뉴기니 라바울(Rabaul)

해 제 | 연합군번역통역부가 생산한 일본군 육군 상병 호리구치 다케키(Horiguchi Takeki)의 심문보고서.
13. 사기와 선전 중 '전투 복무의 상황' 부분에 포로의 의견으로 위안소(brothel)들은 처음에 민간인들이 만들었으나 이후에 군의 통제 아래로 넘어갔음. 여성들은 대부분 일본인, 조선인, 중국인이었다는 내용이 있음.

문 서 철 | NARA RG 554 Entry 143 Box 453
MA RG 3 Box 111

출 처 | 국편 사료집(2권, 500~509쪽)

소 장 처 | NARA, MA

내 용 분 류 | 피해실태/감독경영

31. Interrogation Report No.77(Serial No.130)

한 글 번 역 | 심문보고서 제77호(일련번호 제130호)

세 부 항 목 | 1. PREAMBLE

2. CHRONOLOGY
3. CAPTURE
4. UNIT OR FORCE
5. IDENTIFICATIONS
6. PERSONALITIES
9. ENEMY METHODS
11. DEFENCES
13. MORALE & PROPAGANDA (Conditions in Fighting Services)
16. CHEMICAL WARFARE
17. TOPOGRAPHY
19. ALLIED FORCES
21. GENERAL

작성연월일 | 1943.5.14

작 성 자 | 육군대령 시드니 마시빌(Sidney F. Mashbir)

수 신 자 | ATIS SWPA

국가 및 지역 | 파푸아뉴기니 라바울(Rabaul), 필리핀 마닐라(Manila)

해 제 | 연합군번역통역부가 생산한 일본군 육군 일병 후지와라 아키오(Fujiwara Akio)의 심문보고서.

13. 사기와 선전 중 '전투 복무의 상황' 부분에 육군이 위안소(brothel)들을 제공했지만 코코포에서는 본 적이 없음. 하지만 라바울과 마닐라에는 몇 곳이 있다고 들었다는 내용이 있음.

문 서 철 | NARA RG 554 Entry 143 Box 453

MA RG 3 Box 111

출 처 | 국편 자료집(2권, 510~519쪽)

소 장 처 | NARA, MA

내 용 분 류 | 피해실태

32. ATIS(Allied Translator And Interpreter Section) South West Pacific Area/Interrogation Report No.78

한 글 번 역 | 연합군번역통역부 남서태평양전구/심문보고서 제78호

세 부 항 목 | ……

13. MORALE & PROPAGANDA (Conditions in Fighting Services)
14. ENEMY INTENTIONS
15. WASTAGE OR CASUALTIES
16. CHEMICAL WARFARE
17. TOPOGRAPHY

작성연월일 | 1943.5.15

작 성 자 | 육군대령 시드니 마시빌(Sidney F. Mashbir)

수 신 자 | ATIS SWPA

국가 및 지역 | 파푸아뉴기니 라바울(Rabaul)

해 제 | 연합군번역통역부가 생산한 일본군 소위 히코자카 고이치(Hikozaka Goichi)의 심문보고서.
13. 사기와 선전 중 '전투 복무의 상황' 부분에 20~25세의 일본인 여성이 일하는 라바울의 해군 위안소(Naval brothel)에 대해 들을 수 있었음. 그들은 일본에서 온 종사자(professionals)였다는 내용이 있음.

문 서 철 | NARA RG 554 Entry 143 Box 453
MA RG 3 Box 111

출 처 | WAM(K_L_IR078)
국민기금(5권, 91~96쪽)
국편 자료집(2권, 521~531쪽)

소 장 처 | NARA, MA

내 용 분 류 | 피해실태

33. Interrogation Report No.81(Serial No.136)

한 글 번 역 | 심문보고서 제81호(일련번호 제136호)

세 부 항 목 | 1. PREAMBLE 2. CHRONOLOGY
3. CAPTURE 4. UNIT OR FORCE
5. IDENTIFICATIONS 6. PERSONALITIES
7. SHIPS SERVED IN OR PARTICULARS OF PW'S AIRCRAFT
8. ENEMY EQUIPMENT 9. ENEMY METHODS
10. COMMUNICATIONS 11. DEFENCES
12. ENEMY SUPPLIES
13. MORALE & PROPAGANDA (Conditions in Fighting Services)
17. TOPOGRAPHY 19. ALLIED FORCES

작성연월일 | 1943.5.18

작 성 자 | 육군대령 시드니 마시빌(Sidney F. Mashbir)

수 신 자 | ATIS SWPA

국가 및 지역 | 인도네시아 암본(Ambon)

해 제 | 연합군번역통역부가 생산한 일본군 해군 비행병조 야마사키 구니오(Yamasaki Kunio)의 심문보고서.
13. 사기와 선전 중 '전투 복무의 상황' 부분에 암본(Ambon)에는 민간인이 운영하고 해군이 통제를 한다고 생각되는 위안소(brothel)들이 있었으며, 모든 여성은 일본인이었다는 내용이 있음.

문 서 철 | NARA RG 554 Entry 143 Box 453
MA RG 3 Box 111

출 처 | 국편 자료집(2권, 532~543쪽)

소 장 처 | NARA, MA

내 용 분 류 | 피해실태/관리감독

34. Interrogation Report No.87(Serial No.144)

한 글 번 역 | 심문보고서 제87호(일련번호 제144호)

세 부 항 목 | 1. PREAMBLE 2. CHRONOLOGY
3. CAPTURE 4. UNIT OR FORCE
5. IDENTIFICATIONS 6. PERSONALITIES
8. ENEMY EQUIPMENT 9. ENEMY METHODS
11. DEFENCES 12. ENEMY SUPPLIES
13. MORALE & PROPAGANDA (Conditions in Fighting Services)
15. WASTAGE OR CASUALTIES 17. TOPOGRAPHY
18. MEDICAL 19. ALLIED FORCES

작성연월일 | 1943.5.28

작 성 자 | 육군대령 시드니 마시빌(Sidney F. Mashbir)

수 신 자 | ATIS SWPA

국가 및 지역 | 중국 캔톤(Canton), 싱가포르 싱가포르(Singapore)

해 제 | 연합군번역통역부가 생산한 일본군 육군 상병 가토 구미오(Kato Kumio)의 심문보고서.
13. 사기와 선전 중 '전투 복무의 상황' 부분에 캔톤(광둥)에는 군이 통제하는 위안소(brothel)가 있었고 싱가포르에도 점령 한 달 반 뒤에 하나가 개설되었음. 대부분 조선인이나 중국인이었고, 일본인도 드물게 있었다는 내용이 있음.

문 서 철 | NARA RG 554 Entry 143 Box 453
MA RG 3 Box 111

출 처 | 국편 자료집(2권, 544~553쪽)

소 장 처 | NARA, MA

내 용 분 류 | 피해실태/설치

35. Interrogation Report No.91(Serial No.152)

한 글 번 역 | 심문보고서 제91호(일련번호 제152호)

세 부 항 목 | 1. PREAMBLE
2. CHRONOLOGY
3. CAPTURE
4. UNIT OR FORCE
5. IDENTIFICATIONS
6. PERSONALITIES
9. ENEMY METHODS
11. DEFENCES
13. MORALE & PROPAGANDA (Conditions in Fighting Services)
16. CHEMICAL WARFARE
17. TOPOGRAPHY
18. MEDICAL
19. ALLIED FORCES

작성연월일 | 1943.6.7

작 성 자 | 육군대령 시드니 마시빌(Sidney F. Mashbir)

수 신 자 | ATIS SWPA

국가 및 지역 | 파푸아뉴기니 라바울(Rabaul)

해 제 | 연합군번역통역부가 생산한 일본군 육군소위 군의관 나카지마 하지메(Nakajima Hajime)의 심문보고서.
13. 사기와 선전 중 '전투 복무의 상황' 부분에 라바울과 다른 점령지에는 위안소(brothel)들이 있었으나 방문한 적은 없음. 육군의 감독하에 이곳에서 정기적인 검사가 행해졌고, 포로가 생각하기에 그곳의 사람들은 일본인이나 조선인이었다는 내용이 있음.

문 서 철 | NARA RG 554 Entry 143 Box 453
MA RG 3 Box 112

출 처 | 국편 자료집(3권, 321~328쪽)

소 장 처 | NARA, MA

내 용 분 류 | 피해실태/관리감독/위생

36. ATIS(Allied Translator And Interpreter Section) South West Pacific Area/Interrogation Report No.94

한 글 번 역 | 연합군번역통역부 남서태평양전구/심문보고서 제94호

세 부 항 목 | ……

<u>13. MORALE & PROPAGANDA (Conditions in Fighting Services)</u>

14. ENEMY INTENTIONS

16. CHEMICAL WARFARE

18. MEDICAL

작성연월일 | 1943.6.15

작 성 자 | 육군대령 시드니 마시빌(Sidney F. Mashbir)

수 신 자 | ATIS SWPA

국가 및 지역 | 파푸아뉴기니 라바울(Rabaul)

해 제 | 연합군번역통역부가 생산한 일본군 의무 대위 니시오 시로(Nishio Shiro)의 심문보고서.

13. 사기와 선전 중 '전투 복무의 상황' 부분에 포로는 군이 위안소(brothel)를 운영한 것이 아니라 (군의) 배치하에 민간이 운영하는 위안소를 단지 감독했다고 주장했음. 감독은 이러한 방식으로 전쟁과 함께 시작되었고, 적대행위 중지 직후에 바로 끝났다는 내용이 있음.

심문 대상자는 1943년에 일본에서 라바울로 배치되었기에 라바울의 상황을 답변한 것으로 보임.

문 서 철 | NARA RG 554 Entry 143 Box 453

MA RG 3 Box 112

출 처 | WAM(K_US_IR94)

국민기금(5권, 97~100쪽)

요시미 자료집(482~483쪽)

국편 자료집(3권, 329~340쪽)

소 장 처 | NARA, MA

내 용 분 류 | 피해실태/관리감독

39. Interrogation Report No.470

한 글 번 역 | 심문보고서 제470호

세 부 항 목 | 1. PREAMBLE
2. CHRONOLOGY
3. CAPTURE
4. UNIT OR FORCE
5. IDENTIFICATIONS
6. PERSONALITIES
9. ENEMY METHODS (Brothels)
13. MORALE AND PROPAGANDA
17. LOCALITIES
18. MEDICAL
19. ALLIED FORCES
22. ALLIED PsW

작성연월일 | 1944.9.19

작 성 자 | 육군대령 시드니 마시빌(Sidney F. Mashbir)

수 신 자 | ATIS SWPA

국가 및 지역 | 인도네시아 말랑(Malang)

해 제 | 연합군번역통역부가 생산한 일본군 군의관 심문보고서임.
인도네시아 말랑(Malang)에서 육군 관할하에 위안소 일곱 개를 설치. 총 150여 명의 위안부(women)가 있었는데, 조선인, 일본인, 자바인이었음.

문 서 철 | NARA RG 165 Entry NM 84 79 Box 321

출 처 | 서울대 자료집(1권, 222~249쪽)
국편 자료집(3권, 392~419쪽)

소 장 처 | NARA

내 용 분 류 | 설치/피해실태

40. ATIS(Allied Translator And Interpreter Section) South West Pacific Area/Interrogation Report No.573

한 글 번 역 | 연합군번역통역부 남서태평양전구/심문보고서 제573호

세 부 항 목 | 20. SPECIAL INTELLIGENCE (Brothels in PI - MANILA)
21. ALLIED PoW

작성연월일 | 1945.1.23

작 성 자 | 육군대령 시드니 마시빌(Sidney F. Mashbir)

수 신 자 | ATIS SWPA

국가 및 지역 | 필리핀 마닐라(Manila)

해 제 | 연합군번역통역부가 생산한 일본군 일등병(포로번호 JA(USA)148328)의 심문보고서.
20. 특별 첩보의 '필리핀 마닐라의 위안소' 부분에 몇 개는 군의 감독하에 있었고, 민간인이 경영하는 다른 것들은 통제 밖에 있었는데 헌병들이 이곳에서 군인들을 몰아냈음. 민간인이 경영하는 곳의 여성들은 보통 스페인－필리핀 혼혈로 10~20엔이었음. 군이 관리하는 위안소(Army controlled houses)에서는 일본인과 조선인 여성이 있었고, 2~3엔이었음. 가격이 달랐음에도 불구하고 민간인 업소가 더 인기 있었는데, 그곳이 덜 붐볐기 때문이었다는 내용이 있음.

문 서 철 | NARA RG 554 Entry 143 Box 459
MA RG 3 Box 117

출 처 | WAM(K_L_IR573)
국민기금(5권, 107~112쪽)
요시미 자료집(484~487쪽)
국편 자료집(3권, 420~442쪽)

소 장 처 | NARA, MA

내 용 분 류 | 피해실태/관리감독

41. Interrogation Report No.652(Serial No.813)

한 글 번 역 | 심문보고서 제652호(일련번호 제813호)

세 부 항 목 | 1. PREAMBLE

2. CHRONOLOGY

4. UNIT OR FORCE

5. IDENTIFICATIONS

6. PERSONALITIES

7. SHIPS

8. ENEMY EQUIPMENT

9. ENEMY METHODS

13. MORALE & PROPAGANDA

16. CHEMICAL WARFARE

18. MEDICAL (Venereal Diseases)

19. ALLIED FORCES

작성연월일 | 1945.3.13

작 성 자 | 육군대령 시드니 마시빌(Sidney F. Mashbir)

수 신 자 | ATIS SWPA

국가 및 지역 | 필리핀 타클로반(Tacloban)

해 제 | 연합군번역통역부가 생산한 일본군 육군 견습사관 군의관 야마모토 류조(Yamamoto Ryuzo)의 심문보고서.

18. 의료의 '성병' 부분에 타클로반에는 하나의 위안소(brothel)가 있었고 여성들은 매주 제4야전병원의 군의관들에게 검사를 받았음. 따라서 레이테 섬에서 성병 사례는 매우 드물었음. 만약 병사가 성병에 걸리면 그는 군의관에게 필요한 예방조치를 하지 않은 것에 대해 질책을 받겠지만, 이 외에 다른 처벌은 없었다는 내용이 있음.

문 서 철 | NARA RG 554 Entry 143 Box 460

MA RG 3 Box 118

출 처 | 국편 자료집(3권, 443~451쪽)

소 장 처 | NARA, MA

내 용 분 류 | 위생

42. Interrogation Report No.664(Serial No.825)

한 글 번 역 | 심문보고서 제664호(일련번호 제825호)

세 부 항 목 | 1. PREAMBLE
2. CHRONOLOGY
3. CAPTURE
4. UNIT OR FORCE
5. IDENTIFICATIONS
6. PERSONALITIES
9. ENEMY METHODS
13. MORALE & PROPAGANDA (Brothels in LANCHANG)
16. CHEMICAL WARFARE
18. MEDICAL
19. ALLIED FORCES
20. SPECIAL INTELLIGENCE
21. GENERAL

작성연월일 | 1945.3.27

작 성 자 | 육군대령 시드니 마시빌(Sidney F. Mashbir)

수 신 자 | ATIS SWPA

국가 및 지역 | 중국 란창[蘭崗](Lanchang)

해 제 | 연합군번역통역부가 생산한 일본군 육군 상병 기시모토 마모루(Kishimoto Mamoru)의 심문보고서.
13. 사기와 선전의 '란창의 위안소' 부분에 위안소는 군의 통제하에 있었고 병사들과 육군 군속들만이 입장할 수 있었음. 여성들은 일본인이었고 요금은 1.50엔이었다는 내용이 있음. 란창은 중국 헤이룽장성 무단장의 란강(蘭崗)을 기리킴. 현지 발음은 란강(Langang)임.

문 서 철 | NARA RG 554 Entry 143 Box 460
MA RG 3 Box 118

출 처 | 국편 자료집(3권, 452~467쪽)

소 장 처 | NARA, MA

내 용 분 류 | 관리감독

43. Interrogation Report No.672(Serial No.833)

한 글 번 역 | 심문보고서 제672호(일련번호 제833호)

세 부 항 목 | 1. PREAMBLE 2. CHRONOLOGY
3. CAPTURE 4. UNIT OR FORCE
5. IDENTIFICATIONS 6. PERSONALITIES
8. ENEMY EQUIPMENT 9. ENEMY METHODS
12. ENEMY SUPPLIES 13. MORALE & PROPAGANDA
14. ENEMY INTENTIONS 17. LOCALITIES
19. ALLIED FORCES
20. SPECIAL INTELLIGENCE (Malang Brothels)
22. ALLIED PsW

작성연월일 | 1945.5.19

작 성 자 | 육군대령 시드니 마시빌(Sidney F. Mashbir)

수 신 자 | ATIS SWPA

국가 및 지역 | 인도네시아 말랑(Malang)

해 제 | 연합군번역통역부가 생산한 일본군 육군 군조 아라이 센지로(Arai Senjiro)의 심문보고서.
20. 특별첩보의 '말랑의 위안소' 부분에 말랑의 차이나타운 근처에는 많은 위안소(brothel)들이 있었고 모두 육군의 관리를 받았음. 여성들은 전부 조선인이거나 인도네시아인이었다는 내용이 있음. 또한 일본군이 빈번하게 방문했던 말랑의 카페는 군이 감독했으며, 위안부는 모두 인도네시아인이었다는 언급이 있음.

문 서 철 | NARA RG 554 Entry 143 Box 460
MA RG 3 Box 118

출 처 | 국편 자료집(3권, 468~490쪽)

소 장 처 | NARA, MA

내 용 분 류 | 피해실태/관리감독

44. Interrogation Report No.676(Serial No.837)

한 글 번 역 | 심문보고서 제676호(일련번호 제837호)

세 부 항 목 | 1. ASSESSMENT OF PRISONERS　2. SINKING ACTION
3. DETAILS OF U-168　4. OPERATIONAL INFORMATION
5. GERMAN U-BOAT BASES　6. OTHER SHIPS
7. OIL SUPPLY IN THE FAR EAST　8. AIR INTELLIGENCE
9. ALLIED OPERATIONS　10. MEDICAL INFORMATION
11. BATAVIA-GENERAL REMARKS (Prostitution)
12. GERMAN-JAPANESE RELATIONS IN THE FAR EAST
13. GREW LIST OF U-168　14. PERSONALIA

작성연월일 | 1945.5.26

작 성 자 | 육군대령 시드니 마시빌(Sidney F. Mashbir)

수 신 자 | ATIS SWPA

국가 및 지역 | 인도네시아 바타비아(Batavia)

해 제 | 연합군번역통역부가 생산한 독일 U보트 U-168호에서 생포된 포로 5명[헬무트 피히(Pich, Helmuth), 게오르그 벤첼(Wenzel, Georg), 하인즈 니만(Niemann, Heinz), 한스 벵에(Baenge, Hans), 한스 파이어탁(Feietag, Hans)]의 심문보고서. 11. 바타비아(현재 자카르타)－전반적인 언급의 '성매매(Prostitution)' 부분에 일본인 장교들은 자신들만의 위안소(brothel)를 가지고 있었지만 독일 장교들은 들어갈 수 없었음. 공병 장교는 네덜란드 여성이 강제로 일본인 위안소에 보내졌으나, 이후 미국의 압력으로 수용소로 되돌아갔다는 이야기를 들었다고 함. 거리에 많은 혼혈 성매매 여성이 있었음. 공병 장교는 이 여성들의 사정이 아주 딱하다고 했음. 그들은 먹고 살기 위해서 전쟁 전에 갖고 있던 보석, 가구 등 모든 것을 팔아야 했기 때문이라는 내용이 있음.

문 서 철 | NARA RG 554 Entry 143 Box 460
MA RG 3 Box 118

출 저 | 국편 자료집(3권, 491~513쪽)

소 장 처 | NARA, MA

내 용 분 류 | 피해실태

45. Interrogation Report No.697(Serial No.858)

한 글 번 역 | 심문보고서 제697호(일련번호 제858호)

세 부 항 목 | 1. PREAMBLE 2. CHRONOLOGY
3. CAPTURE 4. UNIT OR FORCE
5. IDENTIFICATIONS 6. PERSONALITIES
7. SHIPS AND AIRPLANES 8. ENEMY EQUIPMENT
9. ENEMY METHODS 12. ENEMY SUPPLIES
13. MORALE & PROPAGANDA 14. ENEMY INTENTIONS
16. CHEMICAL WARFARE 19. ALLIED FORCES
20. SPECIAL INTELLIGENCE (Brothel in MALANG)
21. ALLIED PsW

작성연월일 | 1945.5.21

작 성 자 | 육군대령 시드니 마시빌(Sidney F. Mashbir)

수 신 자 | ATIS SWPA

국가 및 지역 | 인도네시아 말랑(Malang)

해 제 | 연합군번역통역부가 생산한 일본군 육군 군조 이게하라 도후미(Igehara Tofumi)의 심문보고서.

20. 특별첩보－말랑의 위안소 부분에 있는 내용임. 네덜란드군첩보국(NEFIS) 지도 No.1189a를 참고하여 포로는 말랑의 위안소(brothel)들을 지적함. 클렌첸스트라트 107번 건물, 클렌첸스트라트 6.7지점. 조디판(Djodipan) 중앙에 위치한 건물의 오른쪽 방향의 동쪽으로 난 도로 지점. 스포어스트라트 오른쪽 가운데에서 북쪽 가까이에 있는 건물. 건물 62 완전 반대편에 있는 키도엘파사르. 포로는 여성들이 대부분 조선인과 타이완인이었지만 현지인 여성도 몇 명 있었다고 함. 일본인 위안부는 없었음. 가격은 확실하지 않지만 병사는 2엔, 하사관은 3엔, 장교는 5엔이었음. 장교들을 위한 특별 위안소(special house)는 없었음. 위안소들은 군의 통제만을 받았고, 개별 민간인들이 군의 허가증을 발급받았음. 포로가 생각하기에 군은 수익에 대한 수수료를 받았다고 진술함.

문 서 철 | NARA RG 554 Entry 143 Box 460, MA RG 3 Box 118

출 처 | 국편 자료집(3권, 514~550쪽)

소 장 처 | NARA, MA

내 용 분 류 | 피해실태/관리감독/이용

46. Prisoner of War Interrogation Report

한 글 번 역 | 포로 심문보고서

세 부 항 목 | Prostitution

작성연월일 | 1943

작　성　자 | –

수　신　자 | –

국가 및 지역 | 파푸아뉴기니 라바울(Rabaul)

해　　　제 | 연합군번역통역부가 생산한 일본군 포로 심문보고서의 ‘성매매(Prostitution)’ 부분 내용으로 보이나, 정확한 출처는 확인할 수 없음.

라바울 시내에는 3채의 위안소(brothel)와 위안부의 10%가 있었음. 이 지역은 일본군의 관리하에 있어 위안소들은 군의 허가를 얻어야만 영업할 수 있었음. 위안부(prostitute)들은 중국인, 조선인, 인도네시아인이었으며 대략 20~25세였음. 포로는 그 여성들이 정부에 의해 라바울로 보내졌다고 생각하지는 않았고, 위안소는 점령 전부터 설치되어 있었다고 생각함. 여성들은 군 의료 군단에게 매주 검사받았으며 만약 질병에 걸렸다면 완치되기 전까지 일할 수 없었음. 병사의 이용 가격은 지역마다 달랐지만, 라바울을 포함해 평균 2.5엔으로 일본보다 두 배 높은 가격이었음. 대략 한 시간 머무를 수 있었고, 차와 쿠키가 제공되며, 세면실 이용과 예방 조치를 할 수 있었음. 예방 조치는 군에서 공짜로 제공하기도 했음. 콘돔 사용은 강제였지만, 군이 제공하지 않았음. 맥주, 주류, 음식을 매우 비싸게 판매하였음.

문　서　철 | –

출　　　처 | WAM(K_US_F028)
국민기금(5권, 113~114쪽)
요시미 자료집(488~489쪽)

소　장　처 | NARA

내 용 분 류 | 피해실태/위생

비　　　고 | 1943년에 작성된 포로 심문보고서임. 일본 WAM의 자료 목록에는 ATIS에서 생산된 자료로 표시하고 있으나 정확한 확인은 불가능함.

일반적인 ATIS 문서들과는 작성된 양식이 다소 다르며, 1943년 라바울의 정보를 담고 있는 다른 자료들과 비교해 볼 때 그 형식이나 구성에 다소 차이가 있음. 문서 또한 편집되어 있는데, 1페이지의 인적사항에 6페이지의 ‘성매매’ 항목을 이어서 붙여놓았음. 차후 정확한 문서 출처 확인이 필요함.

47. ATIS(Allied Translator And Interpreter Section) South West Pacific Area/Bulletin No.1483

한 글 번 역 | 연합군번역통역부 남서태평양지역/회보 제1483호

세 부 항 목 | –

작성연월일 | 1944.10.5

작 성 자 | –

수 신 자 | ATIS SWPA

국가 및 지역 | 필리핀 달리아오(Daliao)

해 제 | 연합군번역통역부가 일본군에게서 노획한 일기를 번역한 것임. 이 지역은 다바오 서쪽 20km에 위치한 곳으로 묘사되어 있음.
"우리는 상륙했다. 후루카와 식민회사 사무소는 매우 컸고 그곳에는 많은 창고들이 있었다. 남중국을 떠나고 나서 처음으로 일본인 여성들이 기모노를 입고 파라솔을 든 것을 보았다. 우리에게 이보다 더 큰 즐거움이 있을까? 이 여성들은 우리보다 한 발 더 빨리 상륙한 군 위안부(Army prostitute)였다"는 내용이 있음.

문 서 철 | –

출 처 | WAM(連合軍_023)
국민기금(5권, 115~120쪽)

소 장 처 | NARA

내 용 분 류 | 피해실태

48. ATIS(Allied Translator And Interpreter Section) South West Pacific Area/Current Translation No.100

한 글 번 역 | 연합군번역통역부 남서태평양지역/현행 번역물 100호

세 부 항 목 | -

작성연월일 | 1944.2.8

작 성 자 | 육군중장 서덜랜드(R. K. Sutherland)

수 신 자 | ATIS SWPA

국가 및 지역 | 파푸아뉴기니 라바울(Rabaul)

해 제 | 연합군번역통역부가 연합군이 노획한 일본군 문서를 번역한 것임.
라바울 해군 위안소(naval brothels, special warhouses)의 규정으로 위안소 이용 부대, 이용 시간, 요금, 성병 예방, 기타 규정으로 구성되어 있음.
일본인과 조선인 위안부(girl)의 요금이 차등적으로 제시되어 있고, 장교, 하사관과 일반 병사의 요금 또한 다름. 위안소를 이용하기 위해서는 표를 접객부(hostess)에게 제시해야 하고, 접객부는 콘돔 미사용자를 거부할 수 있음. 위안소 내에서는 음주를 금지했고 군복을 착용해야 했으며 규정을 어기면 이용할 수 없도록 하였음.

문 서 철 | -

출 처 | WAM(連合軍_024)
국민기금(5권, 121~124쪽)

소 장 처 | NARA

내 용 분 류 | 관리감독/이용/위생

49. ATIS(Allied Translator And Interpreter Section) South West Pacific Area/Researh Report No.120/Amenities in the Japanese Armed Forces

한 글 번 역 | 연합군번역통역부 남서태평양지역/조사보고서 120호/일본군의 편의시설

세 부 항 목 | I. CANTEEN STORES

1. General
2. Post Exchanges and Ship Stores
3. Gratutious Issue
4. Comfort Bags

II. AMUSEMENT

5. General
6. Athletics
7. Novies
8. Geisha and Entertainmnet Troupes
9. Brothels
   a. Burma
   b. Sumatra
   c. South West Pacific Area
10. Leave

III. NEWS

11. General
12. Newspapers
13. Radios

IV. MAIL

14. General
15. Army
16. Navy
17. Civillians

V. Conclusions

작성연월일 | 1945.2.16

작 성 자 | 육군대령 시드니 마시빌(Sidney F. Mashbir)

수 신 자 | ATIS SWPA

국가 및 지역 | 미얀마 아캬브(Akyab), 흐파라빈(Hparabyin), 알레창야우(Alechangyaw), 인도네시아 수마트라 벨라완(Sumatra Belawan), 파푸아뉴기니 라바울(Rabaul)

해 제 | 1945년 11월에 작성한 연합군번역통역부 조사보고서 120호의 초기 형태로 위안소와 관련된 보고서 9개의 내용이 정리되어 있음. 11월 15일에 작성된 완성본 조사보고서에는 있는 위안소 규정이 전혀 나타나있지 않고 일본군 포로 심문보고서 제49호의 내용 또한 포함되어 있지 않는 등 완성본에 비해 빠져있는 정보들이 많음.

문 서 철 | NARA RG 554 Entry 143(A1) Box 479
NARA RG 165 Entry 79 Box 342
NARA RG 407 Entry 1362 Box 913
NARA RG 331 Entry 1362 Box 2020
NARA RG 331 Entry 1638 Box 4813

출 처 | WAM(K_L_RR120-2)
국민기금(5권, 125~136쪽)
국편 자료집(1권, 329~351쪽)

소 장 처 | NARA

내 용 분 류 | 피해실태

50. ATIS(Allied Translator And Interpreter Section) South West Pacific Area/Researh Report No.120/Amenities in the Japanese Armed Forces

한 글 번 역 | 연합군번역통역부 남서태평양지역/조사보고서 120호/일본군의 편의시설

세 부 항 목 | Ⅰ. CANTEEN STORES

1. General
2. Post Exchanges and Ship Stores
3. Gratutious Issue
4. Comfort Bags

Ⅱ. AMUSEMENT

5. General
6. Athletics
7. Novies
8. Geisha and Entertainmnet Troupes
9. Brothels
   a. Regulations
   b. Burma
   c. Sumatra
   d. South West Pacific Area
10. Leave

Ⅲ. NEWS

11. General
12. Newspapers
13. Radios

Ⅳ. MAIL

14. General
15. Army
16. Navy
17. Civillians

Ⅴ. Conclusions

작성연월일 | 1945.11.15

작 성 자 | 육군중장 서덜랜드(R. K. Sutherland)

수 신 자 | ATIS SWPA

국가 및 지역 | 팔라우 코로르(Koror), 파푸아뉴기니 라바울(Rabaul), 버마 아캬브(Akyab), 흐파라빈(Hparabyin), 알레창야우(Alechangyaw), 인도네시아 수마트라 벨라완(Sumatra Belawan), 필리핀 달리아오(Daliao)

해　　제 | 연합군번역통역부 조사보고서 120호로 일본군 위안소(brothel)와 관련하여 연합군이 얻은 정보들이 집적되어 있음. 일본군의 포로 심문 내용을 저본으로 하여 종합보고서를 작성한 것임.

마닐라, 상하이 남부지구(추정), 타클로반, 부라우엔(Brauen), 라바울 위안소의 규정과 관련된 서식들이 있음.

또한 버마의 일본인 포로 심문보고서 제49호의 내용을 포함하고 있는 버마, 수마트라, 남서태평양지역의 위안소와 관련한 보고서의 내용들이 발췌되어 정리되어 있음.

연합군이 생산한 위안부 관계 보고서 중에는 가장 내용이 풍부하며, 어떤 보고서들로부터 자료를 수집하였는지 그 출처도 명기되어 있기 때문에 연합군 사이의 위안부 관계 자료 공유나 이동 상황 또한 파악할 수 있는 자료임.

문 서 철 | NARA RG 554 Entry 143(A1) Box 479
MA RG 3 Box 121

출　　처 | WAM(K_L_RR120-1)
국민기금(5권, 137~168쪽)
요시미 자료집(491~562쪽)
국편 자료집(1권, 352~394쪽)

소 장 처 | NARA

내 용 분 류 | 동원/설치/위생/관리감독/피해실태

51. ATIS(Allied Translator And Interpreter Section) South West Pacific Area/Enemy Publication No.9/MICELLANEOUS RECORDS OF THE SOUTHERN EXPENDITIONARY FORCE(TOMI 8125 BUTAI) IN MALAYA AND THE PHILLIPPINES

한 글 번 역 | 연합군번역통역부 남서태평양지역/적 출판물 9호/말라야와 필리핀 남방원정군(토미8125 부대)의 잡다한 기록들

세 부 항 목 | -

작성연월일 | 1943.4.10

작 성 자 | -

수 신 자 | ATIS SWPA

국가 및 지역 | 말레이시아, 필리핀

해 제 | 남서태평양 지역 연합군번역통역부가 생산한 잡다한 기록들.
일본군 부대가 주둔했던 지역의 위안소(relaxation house, 慰安所, brothel) 위치를 표시한 지도가 있음.
지도에 나타난 지역이 어디인지는 확인되지 않음. 위안소의 명칭은 한자를 포함하여 세 가지로 표시되어 있음.

문 서 철 | -

출 처 | WAM(K_L_EP-009)

소 장 처 | NARA

내 용 분 류 | 피해실태

비 고 | WAM의 자료상에는 위안소의 상호명이 흐릿하여 확인할 수 없음.

52. Current Translations No.30

한 글 번 역 | 현행 번역물 제30호

세 부 항 목 | –

작성연월일 | 1943.4.29

작 성 자 | –

수 신 자 | ATIS SWPA

국가 및 지역 | 파푸아뉴기니 라바울(Rabaul), 필리핀 다바오(Davao)

해 제 | 연합군이 일본군 야자와(Yazawa) 부대의 것을 1943년 2월 3일 노획하여 번역한 문서들임.

(1) 다바오 교외 : 휴가일에 일등병 한 명이 위안소(consolation house)를 방문했음. 음주 후 귀대하는 길에 민가에 들어갔으며 음주 상태에서 소리를 지르고 동료와 함께 부대로 복귀하기를 거부했음. 그는 동료에게 격분하여 총검을 빼들어 동료의 왼쪽 복부를 찔렀음.

(2) 라바울 휴가일에 제1예비군 일등병 한 명이 위스키를 과음했음. 위안소로 향하는 길에 해군트럭을 세워 그곳까지 데려다 달라고 고집을 부렸으며 요구는 분쟁으로 번졌음. 그는 총검을 빼들어 수병의 왼쪽 가슴을 찔러 심각한 부상을 입혔음.

문 서 철 | NARA RG 165 Entry NM 84 79 Box 272

출 처 | 서울대 자료집(1권, 88~136쪽)

소 장 처 | NARA

내 용 분 류 | 피해실태

53. Current Translations No.45

한 글 번 역 | 현행 번역물 제45호

세 부 항 목 | -

작성연월일 | 1943.6.1

작 성 자 | -

수 신 자 | ATIS SWPA

국가 및 지역 | 싱가포르 부킷 티마(Bukit Timah)

해 제 | 일본군 병사가 부킷티마 병영을 방문하면서 남긴 일기를 연합군이 노획하여 번역한 것임.
성욕을 충족시켜줄 집단도 있었는데 위안소(consolation house)는 멋진 이름이지만, 상상하기에는 끔찍함. 위안소에는 군표가 있어야 입장할 수 있다는 내용이 있음.

문 서 철 | NARA RG 165 Entry NM 84 79 Box 272

출 처 | 서울대 자료집(1권, 141~174쪽)

소 장 처 | NARA

내 용 분 류 | 피해실태/관리감독

동남아시아번역심문센터(SEATIC) 생산 자료

동남아시아번역심문센터(SEATIC, South East Asia Translation and Interrogation Center)는 영국이 중심이 되어 주로 동남아시아에서 활동한 첩보조직이다. 이 지역에서 포획한 포로에 대한 심문보고서를 작성하였는데 일본군 포로는 일본계 병사인 니세이(Nisei)가 주로 담당하였다. 이 보고서들을 통해 미얀마(당시 버마)와 싱가포르, 태국 등의 위안소 및 '위안부' 정보들을 확인할 수 있다.

54. SEATIC(South-East Asia Translation and Interrogation Center) Psychological Warfare Bulletin No.116

한 글 번 역 | 동남아시아번역심문센터 심리전회보 제116호

세 부 항 목 | 1. BACGROUND
2. CONTACT WITH PROPAGANDA AND REACTIONS THERETO
...
4. EXPERIENCES WHICH AFFECTED MORAL
(a) Health and Medical Services
(b) Food Supplies and Equipment
(c) Amenities
(d) Army Life

작성연월일 | 1945.3.31

작 성 자 | 육군대령 블런다(G. F. Blunda)

수 신 자 | SEATIC

국가 및 지역 | 미얀마, 태국

해 제 | 동남아시아번역심문센터가 일본군 포로에 대한 심문을 통해 얻은 정보를 기록한 회보.
포로는 일본군 육군 병장으로 제53사단 제128연대 소속으로 버마 북부전선에 있었음.
포로는 (버마와 태국을 이어주는) 선로 주변의 거의 모든 기지에는 보통 조선인과 중국인이 있는 위안소(comfort station)가 있었다는 진술을 함.

문 서 철 | NARA RG 165 Entry NM 84 79 Box 2115

출 처 | WAM(K_US_SEA116)
국민기금(5권, 169~174쪽)
서울대 자료집(1권, 330~360쪽)

소 장 처 | NARA

내 용 분 류 | 피해실태

55. SEATIC(South-East Asia Translation and Interrogation Center) Psychological Warfare Bulletin No.131

한 글 번 역 | 동남아시아번역심문센터 심리전회보 제131호

세 부 항 목 | General Information

…

15. AMENITIES

(a) Comfort Bags

(b) Comfort Girls

(c) Canteens

작성연월일 | 1945.4.28

작 성 자 | 육군대령 블런다(G. F. Blunda)

수 신 자 | SEATIC

국가 및 지역 | 미얀마 메이묘(Maymyo)

해 제 | 동남아시아번역심문센터가 일본군 포로에 대한 심문을 통해 얻은 정보를 기록한 회보.

포로는 육군상등병 오쿠보 기요노리(Okubo Kiyonori)이며 84비행장 대대 소속임. 메이묘에는 몇 명의 위안부(comfort girls)들이 있었고 요금은 3.5엔과 5엔이었음. 절반의 시간에는 절반의 비용을 냈다는 진술을 함.

문 서 철 | NARA RG 165 Entry NM 84 79 Box 2115

출 처 | WAM(K_US_SEA131)

국민기금(5권, 175~182쪽)

서울대 자료집(1권, 365~401쪽)

소 장 처 | NARA

내 용 분 류 | 피해실대/이용

56. SEATIC(South-East Asia Translation and Interrogation Center) Psychological Warfare Bulletin No.182

한 글 번 역 | 동남아시아번역심문센터 심리전회보 제182호

세 부 항 목 | Relations Between the People of MALAYA and the Japanese
Relations of the Indians in Malaya with the Japanese
Relations of the Malayas with the Japanese

작성연월일 | 1945.7.6

작 성 자 | 육군대령 블런다(G. F. Blunda)

수 신 자 | SEATIC

국가 및 지역 | 말레이시아 쿠알라룸푸르(Kuala Lumpur)

해 제 | 동남아시아번역심문센터가 일본군 포로에 대한 심문을 통해 얻은 정보를 기록한 회보.
포로는 쿠알라룸푸르에서 중국인들이 일본군에게 집을 빼앗겼으며, 중국인들은 그들의 집이 식당이나 위안소(comfort house)가 되었다는 사실에 실망했다는 진술을 함.

문 서 철 | -

출 처 | WAM(K_US_SEA182)
국민기금(5권, 183~188쪽)

소 장 처 | NARA

내 용 분 류 | 설치

57. SEATIC(South-East Asia Translation and Interrogation Center) Psychological Warfare Bulletin No.186

한 글 번 역 | 동남아시아번역심문센터 심리전회보 제186호

세 부 항 목 | 12. GENERAL INFORMATION

a. MORALE IN THE FORCES

b. GAS

c. POLITICS

d. FORCES REACTION TO BOMBING OF JAPAN

e. JAPAN WILL WIN

f. REACTIONS TO CAPTURE

g. RELATIONS WITH SUPERIORS

h. ALLIED WEAPONS

i. MAIL

j. AMENITIES

k. PROPAGANDA

작성연월일 | 1945.7.12

작 성 자 | 육군대령 블런다(G. F. Blunda)

수 신 자 | SEATIC

국가 및 지역 | 미얀마 메이크틸라(Meiktila)

해 제 | 동남아시아번역심문센터가 일본군 포로에 대한 심문을 통해 얻은 정보를 기록한 회보.

포로는 52비행장대대 소속 수습장교임. 포로는 메이크틸라에는 5개의 위안소(house of prostitution)가 있지만 그곳에는 가본 적이 없고 위안부(comfort girl)에 대해서도 아는 것이 없다고 진술했음.

문 서 철 | NARA RG 165 Entry NM 84 79 Box 2117

출 처 | WAM(K_US_SEA186)

국민기금(5권, 189~194쪽)

서울대 자료집(1권, 410~446쪽)

소 장 처 | NARA

내 용 분 류 | 피해실태

58. SEATIC(South-East Asia Translation and Interrogation Center) Psychological Warfare Bulletin No.197

한 글 번 역 | 동남아시아번역심문센터 심리전회보 제197호

세 부 항 목 | -

작성연월일 | 1945.7.26

작　성　자 | 육군대령 블런다(G. F. Blunda)

수　신　자 | SEATIC

국가 및 지역 | 태국 반퐁(Banpong)

해　　　제 | 동남아시아번역심문센터 심리전회보.
반퐁의 위안소(comfort house) 위치가 표시된 지도가 있음.

문　서　철 | -

출　　　처 | WAM(K_US_SEA197)
국민기금(5권, 195~202쪽)

소　장　처 | NARA

내 용 분 류 | 설치

비　　　고 | 지도상에 위안소의 위치가 나타나 있음.

59. Consolidated Interrogation Report N0.84(Naval Intelligence)

한 글 번 역 | 통합 심문보고서 제84호(해군 첩보)

세 부 항 목 | 1. Identificiaton of P.W. 2. Service History
3. The Evacuation of Myitkyina 4. Details of Capture
5. Personalities 6. Organization of a Div. Medical Service
7. Medical Officers attd. to Regts and Bns 8. Evacuation of Casualties
9. Classificaiton of Officers in the Medical Services
10. Sources from which Medical Officers are drawn
11. Army Medical School 12. Contensts of Medical Haversacks
13. Antiseptics and Sulpha drugs 14. Bollod Transfusion in the field
15. Incidence of disease in the Japanses Army in Burma
16. Medical notes on Singapore 17. Prevention and Treatment of V.D.

작성연월일 | 1945.2.1

작 성 자 | 육군대령 블런다(G. F. Blunda)

수 신 자 | SEATIC

국가 및 지역 | 싱가포르 싱가포르(Singapore)

해 제 | 동남아시아번역심문센터(SEATIC)의 일본군 군의관에 대한 심문보고서임.
싱가포르에는 군이 관리하는 지역에 100개 이상의 육군 및 해군 위안소(brothel)가 있는데 대부분 조선인, 중국인이고 말레이시아인이 소수 있음. 해군 위안소는 스콧 도로에, 육군 위안소는 케언힐 도로에, 장교용 위안소는 굿우드파크 호텔 인근의 건물과 카통의 신축아파트 블록의 "게이샤 하우스"에 있음.
군인들은 성병 관련 교육을 받았고 군이 통제하는 위안소를 사용해야 한다고 전달받았음. 또한 그들은 군 통제 위안소의 여성들도 10-30%가 성병에 감염되었기 때문에 콘돔과 연고를 사용해야 한다고 전달받았음. 위안부는 매달 성병 검사를 받았으며 성병 발병률이 높은 부대는 이름이 공개되었음.

문 서 철 | NARA RG 165 Entry NM 84 79 Box 2114

출 처 | 서울대 자료집(1권, 272~309쪽)

소 장 처 | NARA

내 용 분 류 | 설치/피해실태/위생

60. Psychological warfare Interrogation Bulletin No.3

한 글 번 역 | 심리전 심문보고서 제3호

세 부 항 목 | Ⅰ. General Background Information

Ⅱ. Contact With Allied Propaganda

Ⅲ. Morale, Opinions and Beliefs

<u>Ⅳ. Experiences and Conditions Which Affected Morale</u>

1. Health
2. Food
3. Concern About Home and Family
4. <u>Pay and Amenities</u>
5. Weapons and Supplies

작성연월일 | 1944.12.8

작 성 자 | 육군대령 스위프트(Wilendes Swift)

수 신 자 | SEATIC

국가 및 지역 | –

해 제 | 1944년 12월 동남아시아번역심문센터(SEATIC)의 일본군 육군 일등병 포로에 대한 심문보고서임.
'위안소(comfort stations)와 관계된 것으로는, 위안소를 이용하려고 다른 선임자들과 경쟁하는 신참이 있으면 선임자가 폭력을 가하기도 했다'는 내용이 있음. 일반 병사의 심문에서 위안소 관계 내용은 단편적인 경우가 많음.

문 서 철 | NARA RG 165 Entry NM 84 79 Box 2115

출 처 | 서울대 자료집(1권, 317~325쪽)

소 장 처 | NARA

내 용 분 류 | 피해실태

61. Interrogation Bulletin No.2(Psychological Warfare)

한 글 번 역 | 심리전 심문회보 제2호

세 부 항 목 | 1. Effect of Allied Propaganda upon the Japanese Army in Bruma
2. "Do's and Don'ts" in Propaganda to the Japanese, a P.W.'s essay
3. Detailed Criticism upon one issue of the "GUNJIN SHIMBUN: by a P.W.
4. The notorious Col. Maruyama
5. Disregard of troops' welfare by Japanese Officers
6. Difficulties due to re-inforcements from differnt Depots
7. Average age of re-inforcements to Burma
8. A Pacifist in the Japanese Army
9. A Japanese Army Brothel in the forward area

작성연월일 | 1944.11.30

작 성 자 | 육군대령 스위프트(Wilendes Swift)

수 신 자 | SEATIC

국가 및 지역 | 미얀마 미치나(Myitktina)

해 제 | 동남아시아번역심문센터(SEATIC)가 일본군 포로와 미얀마(버마) 미치나에서 위안소를 경영한 일본인 업자 기타무라(Kitamura)를 심문한 보고 등으로, 심리전과 관련된 여러 주제들을 묶은 것임.

기타무라는 조선인 위안부의 동원 과정부터 위안소 운영 및 전장에서 생포되는 과정까지 자세하게 진술함. 교에이(Kyoei) 위안소에는 조선인 위안부가 22명 있었고, 긴수이(Kinsui) 위안소에도 20명이 있었음. 기타무라는 조선군사령부의 요청에 따라 가족에게 신불금을 주고 여성들을 모집했으며, 랑군까지 항해하는 일본군에게 수송, 배급, 의료 등의 서비스를 제공했음. 미치나에서는 위안부들에게 생필품을 팔아 과도한 이득을 남겼음. 위안소에는 연락장교가 파견되었고 정기적으로 성병 검진을 하였음. 또한 이 문서에는 미치나에 주둔한 114연대 사령관인 마루야마 후사야스(Maruyama Fusayasu) 대좌에 관한 정보가 있음. 마루야마는 군 위안소 단골로 조선인 '위안부'와 참호 속에서 지내기도 했고, 위안부의 총수입까지 깎는 등 악명이 높았다고 함.

문 서 철 | NARA RG 165 Entry 177 Box 915

출 처 | 서울대 자료집(1권, 506~519쪽)

소 장 처 | NARA

내 용 분 류 | 모집/이송/피해실태/설치/관리감독

네덜란드동인도군첩보국(NEFIS) 생산 자료

네덜란드동인도군첩보국(NEFIS, Netherlands Forces Intelligence Service)은 네덜란드 정보 기관이다. 기존의 네덜란드 식민지였던 동남아시아 지역에서 정보를 수집하고 포로 심문 보고서를 작성하였다. 이 기관은 일본 점령지에서 일어나고 있는 일에 대한 최신 첩보를 연합군에 제공했기 때문에 모든 종류의 정보를 수집하고 배포하였다. 면밀한 정보조사와 지도 제작의 측면에서 연합국에 큰 기여를 한 조직이다.

64. Compilation of NEFIS Interrogation Reports Nos. 103, 106~138, 141~159, 161~171, 173, 175~178 and 193~194(Not Issued Separately)

한 글 번 역 | 네덜란드동인도군첩보국 심문보고 합본 제103, 106~138, 141~159, 161~171, 173, 175~178, 193~194호(별쇄본 없음)

세 부 항 목 | Ⅳ. Treatment by Japanese (Unethical Practices, Prostitutions, etc.)

작성연월일 | 1944.8.30

작 성 자 | 육군중령 스퍼어[S. H. Spoor(NEFIS 국장)]

수 신 자 | NEFIS

국가 및 지역 | 인도네시아 자바(Java)

해 제 | 네덜란드동인도(인도네시아)군첩보국 보고 자료.
말랑의 현지인 소녀들이 선발되어 호텔로 이동되었고, 일본인 장교들이 부도덕하게 이용함.
1943년 7월, 공항 근처에 위안소(brothel)가 설치됨. 소녀들은 50센트를 받고 일본군인들을 받도록 강요당함. 이들은 매주 검진을 받았음. 소녀들은 15명 정도였고, 일본인들은 300명 정도였음.
40명의 여성들(대부분 자바인, 일부는 유러시아인)이 수라바야에서 비아크(Biak)로 수송되는 도중 사고로 2명이 사망함. 나머지 여성들은 할마헤라에서 하선함.

문 서 철 | –

출 처 | WAM(FM_040)

소 장 처 | NARA

내 용 분 류 | 설치/동원/관리감독

65. Compilation of NEFIS Interrogation Reports Nos. 295, 330, 334

한 글 번 역 | 네덜란드동인도군첩보국 심문보고 합본 제295, 330, 334호

세 부 항 목 | Ⅲ. Tactical Data on Enemy Military Forces
Ⅹ. Propaganda and Psychological Warfare Information
Ⅻ. Personalities
XIII. General (Brothels)

작성연월일 | 1944.10.14

작 성 자 | 육군중령 스퍼어[S. H. Spoor(NEFIS 국장)]

수 신 자 | NEFIS

국가 및 지역 | 인도네시아 자바 말랑(Malang, Java)

해 제 | 네덜란드동인도(인도네시아)군첩보국 보고 자료.
43년 말 자바 동부 말랑의 엠마(Emma) 호텔과 줄리아나(Juliana) 호텔, 리젠트 거리(Regent Street)의 경매사무소 건물이 일본군의 위안소(brothel)로 사용되고 있음.

문 서 철 | -

출 처 | WAM(FM_005)

소 장 처 | NARA, AWM

내 용 분 류 | 설치

66. NEFIS Interrogation Reports No.409

한 글 번 역 | 네덜란드동인도군첩보국 심문보고 제409호

세 부 항 목 | Ⅰ. Personal Data

Ⅱ. Chronology

Ⅲ. Tactical Data on Enemy Military Forces

Ⅳ. Summary of Naval Information

Ⅹ. Propaganda and Psychological Warfare Information

XIII. General Enforced Prostitution

작성연월일 | 1944.10.23

작 성 자 | 해군소령 스미트[J. C. Smit(NEFIS 부국장)]

수 신 자 | NEFIS

국가 및 지역 | 인도네시아 자바 파수루안(Pasoeroean, Java)

해 제 | 네덜란드동인도(인도네시아)군첩보국 보고 자료.
파수루안(Pasoeroean)에서 사기를 통해 마을소녀(village girls)들을 강제로 "위안부"를 시킴(Forced Prostitution). 일본군은 1주일 간격으로 이들을 교체함.

문 서 철 | -

출 처 | WAM(FM_006)

소 장 처 | NARA, AWM

내 용 분 류 | 동원/관리감독

67. Compilation of NEFIS Interrogation Reports Nos. 418~425 inclusive (Not Issued Separately)

한 글 번 역 | 네덜란드동인도군첩보국 심문보고 합본 제418~425호(별쇄본 없음)

세 부 항 목 | Ⅲ. Tactical Data on Enemy Military Forces
XⅢ. General (Forced Abduction of young girls)

작성연월일 | 1944.10.23

작 성 자 | 해군소령 스미트[J. C. Smit(NEFIS 부국장)]

수 신 자 | NEFIS

국가 및 지역 | 인도네시아 자바 솔로(Solo, Java)

해 제 | 네덜란드동인도(인도네시아)군첩보국 보고 자료.
1943년 상반기 솔로(Solo, 자바 중부) 상황임. 5명의 어린 여자애들이 일본군에 의해 강제로 끌려갔고, 그중 한 명이 마을로 돌아왔는데, 성병에 걸려 있었음.

문 서 철 | -

출 처 | WAM(FM_007)

소 장 처 | NARA, AWM

내 용 분 류 | 동원

68. Interrogation Report No.442

한 글 번 역 | 네덜란드동인도군첩보국 심문보고 제442호

세 부 항 목 | Ⅰ. Personal Data
Ⅱ. Chronology
XIII. General (Prostitution)

작성연월일 | 1944.10.23

작 성 자 | 해군소령 스미트[J. C. Smit(NEFIS 부국장)]

수 신 자 | NEFIS

국가 및 지역 | 인도네시아 수마트라섬 메단(Medan, Sumatra)

해 제 | 네덜란드동인도(인도네시아)군첩보국 보고 자료.
메단의 일본인 장교들은 일본으로부터 동원된 일본인 여성들을 이용할 수 있었음. 다른 계급들은 위안소(brotehel)에서 자바인 여성들을 이용함.

문 서 철 | –

출 처 | WAM(FM_039)

소 장 처 | NARA, AWM

내 용 분 류 | 피해실태

71. Compilation of NEFIS Interrogation Reports Nos. 455 to 469 (Not Issued Separately)

한 글 번 역 | 네덜란드동인도군첩보국 심문보고 합본 제455~469호(별쇄본 없음)

세 부 항 목 | Ⅲ. Tactical Data on Enemy Military Forces
Ⅳ. Summary of Naval Information
Ⅴ. Basic Air Information
Ⅷ. Political and Social Information
Ⅸ. Economic Information
XIII. General (Prostitution)

작성연월일 | 1944.11.6

작 성 자 | 해군소령 스미트[J. C. Smit(NEFIS 부국장)]

수 신 자 | NEFIS

국가 및 지역 | 인도네시아 자바 말랑(Malang, Java)

해 제 | 네덜란드동인도(인도네시아)군첩보국 보고 자료.
1943년 11월 말랑(Malang, 자바 동부)의 상황. 유러시아인과 자바인, 마나도인 여성들이 끌려나와 성병검사를 받고 위안소(brothel)에 배치됨. 부적합하다고 판단된 여성들은 수용소(internment camp)로 돌아가거나 귀가함.
다른 정보원에 의하면 말랑의 한 식당에 5명의 자바인 여성이 여급(bar maid)으로 근무하고 있었고, 이들은 정기적으로 일본인 의사로부터 검진을 받고 있었음.

문 서 철 | -

출 처 | WAM(FM_009)

소 장 처 | NARA, AWM

내 용 분 류 | 설치/동원/관리감독

72. NEFIS Interrogation Report No.554

한 글 번 역 | 네덜란드동인도군첩보국 심문보고 제554호

세 부 항 목 | Ⅰ. Personal Data
Ⅱ. Chronology
Ⅲ. Tactical Data on Enemy Military Forces
Ⅳ. Summary of Naval Information
Ⅴ. Basic Air Information
Ⅵ. Information Regarding Guerrilla Forces
Ⅶ. Geographic Information
Ⅷ. Political and Social Information
Ⅸ. Economic Information
Ⅹ. Propaganda and Psychological Warfare Information
Ⅻ. Personalities
XIII. General (Prostitution)

작성연월일 | 1944.11.16

작 성 자 | 해군소령 스미트[J. C. Smit(NEFIS 부국장)]

수 신 자 | NEFIS

국가 및 지역 | 인도네시아 셀레베스섬 마나도(Menado, Celebes)

해 제 | 네덜란드동인도(인도네시아)군첩보국 보고 자료.
일본인들이 많은 수의 마나도인(Manadonese) 여성을 비도덕적 목적으로 이용하고 있다는 이야기를 들음. 일본군은 소녀들(girls)과 결혼하지 않은 마나도인 여성들을 체계적으로 이용하고 있음.

문 서 철 | -

출 처 | WAM(FM_031)

소 장 처 | NARA, AWM

내 용 분 류 | 동원

73. Compilation of NEFIS Interrogation Reports Nos. 561, 562, 571, 573, 578 and 590(Not Issued Separately)

한 글 번 역 | 네덜란드동인도군첩보국 심문보고 합본 제561, 562, 571, 573, 578, 590호(별쇄본 없음)

세 부 항 목 | Ⅲ. Tactical Data on Enemy Military Forces
Ⅴ. Basic Air Information
Ⅷ. Political and Social Information
Ⅸ. Economic Information
Ⅹ. Propaganda and Psychological Warfare Information
Ⅻ. Personalities
XIII. General (Prostitution)

작성연월일 | 1944.11.27

작 성 자 | 해군소령 스미트[J. C. Smit(NEFIS 부국장)]

수 신 자 | NEFIS

국가 및 지역 | 인도네시아 자바 뿌르워레조(Poeworedjo, Java)

해 제 | 네덜란드동인도(인도네시아)군첩보국 보고 자료.
1943년 7월 기준으로 뿌르워레조(Poeworedjo)에서 형무소 맞은 편에 있던 기존 부사관 숙소를 위안소(brothel)로 사용하고 있었음. 뿌르워레조, 스마랑, 마겔랑 섬에서 온 인도네시아 여성들이 이 위안소에 있었음. 여성들은 오래 머무르지 않았고 자주 교체됨. 이 위안소는 장교전용으로 운영됨.

문 서 철 | -

출 처 | WAM(FM_010)

소 장 처 | NARA, AWM

내 용 분 류 | 설치/관리감독

74. Compilation of NEFIS Interrogation Reports Nos. 506, 508~510, 519, 528, 529, 532, 536, 541 and 548(Not Issued Separately)

한 글 번 역 | 네덜란드동인도군첩보국 심문보고 합본 제506, 508~510, 519, 528, 529, 532, 538, 541, 548호(별쇄본 없음)

세 부 항 목 | Ⅲ. Tactical Data on Enemy Military Forces
Ⅴ. Basic Air Information
Ⅶ. Geographic Information
Ⅷ. Political and Social Information
Ⅸ. Economic Information
Ⅹ. Propaganda and Psychological Warfare Information
Ⅺ. Astrocities
Ⅻ. General (Prostitution)

작성연월일 | 1944.11.30

작 성 자 | 해군소령 스미트[J. C. Smit(NEFIS 부국장)]

수 신 자 | NEFIS

국가 및 지역 | 인도네시아 자바 뿌르워레조(Poeworedjo, Java), 자바 마겔랑(Magelang, Java)

해 제 | 네덜란드동인도(인도네시아)군첩보국 보고 자료.
1943년 뿌르워레조에서 군병원을 폐쇄하고 이를 위안소(brothel)로 사용함. 위안소 주변에 철조망이 설치되고, 일본 경찰이 이를 관리함.
1943년 5월 마겔랑에 병사용 위안소가 설치됨. 정보원에 따르면 위안소의 여성들은 자바인 여성들이었음. 마겔랑의 로제 호텔(Loze Hotel)에도 장교용 위안소가 설치됨.
1943년 7월 마겔랑의 몬태규(Montague) 호텔을 다나카(Tanaka) 호텔로 개명했고, 일본인 장교들이 매일 저녁 그 호텔을 이용함. 호텔에서는 음식, 주류부터 여성까지 방에서 이용할 수 있었음.

문 서 철 | -

출 처 | WAM(FM_011)

소 장 처 | NARA, AWM

내 용 분 류 | 설치/관리감독

75. Compilation of NEFIS Interrogation Reports Nos. 534, 552, 567, 568, 579, 586, 587, 588 and 592(Not Issued Separately)

한 글 번 역 | 네덜란드동인도군첩보국 심문보고 합본 제534, 552, 567, 568, 579, 586, 587, 588, 592호(별쇄본 없음)

세 부 항 목 | Ⅲ. Tactical Data on Enemy Military Forces
Ⅳ. Summary of Naval Information
Ⅴ. Basic Air Information
Ⅵ. Information Regarding Guerrilla Forces
Ⅷ. Political and Social Information
Ⅸ. Economic Information
Ⅹ. Propaganda and Psychological Warfare Information
XI. Astrocities
XII. Personalities
XIII. General (Prostitution)

작성연월일 | 1944.12.6

작 성 자 | 해군소령 스미트[J. C. Smit(NEFIS 부국장)]

수 신 자 | NEFIS

국가 및 지역 | 인도네시아 자바 마겔랑(Magelang, Java)

해 제 | 네덜란드동인도(인도네시아)군첩보국 보고 자료.
많은 수의 인도네시아 여성(girls)들을 감금한 일본군 전용 위안소(brothel)가 마겔랑(Magellang)에 위치했음. 성병이 걸린 한 여성의 경우 바로 교체되었음. 여성들은 마겔랑의 민간 경찰 사무소에서 모집함.

문 서 철 | -

출 처 | WAM(FM_012)

소 장 처 | NARA

내 용 분 류 | 설치/동원/관리감독

76. Compilation of NEFIS Interrogation Reports Nos. 661~669 (Not Issued Separately)

한 글 번 역 | 네덜란드동인도군첩보국 심문보고 합본 제661~669호(별쇄본 없음)

세 부 항 목 | Ⅲ. Tactical Data on Enemy Military Forces

Ⅳ. Summary of Naval Information

XIII. General (Prostitution)

작성연월일 | 1944.12.12

작 성 자 | 해군소령 스미트[J. C. Smit(NEFIS 부국장)]

수 신 자 | NEFIS

국가 및 지역 | 인도네시아 폰티아낙(Ponianak)

해 제 | 네덜란드동인도(인도네시아)군첩보국 보고 자료.

40명의 말레이 여성들이 폰티아낙에 위안부로 끌려갔다(taken to Pontianak for immoral purpose)는 이야기를 들음.

문 서 철 | -

출 처 | WAM(FM_025)

소 장 처 | NARA

내 용 분 류 | 동원

81. NEFIS Interrogation Report No.817

한 글 번 역 | 네덜란드동인도군첩보국 심문보고 817호

세 부 항 목 | XII. Personalities
XIII. General (Prostitution)

작성연월일 | 1945.1.8

작 성 자 | 육군중령 스퍼어[S. H. Spoor(NEFIS 국장)]

수 신 자 | NEFIS

국가 및 지역 | 인도네시아 보르네오 라오에테(Laoet, Borneo)

해 제 | 네덜란드동인도(인도네시아)군첩보국 보고 자료.
1944년 10월 라오에테 코타바루(Kotabaroe)에 일본인 전용 위안소(brothel)가 있었음. 20명의 자바인 여성들이 있었음. 이들의 평균연령은 25세임.

문 서 철 | -

출 처 | WAM(FM_028)

소 장 처 | NARA

내 용 분 류 | 피해실태

82. Compilation of NEFIS Interrogation Reports Nos. 818 and 820~824 (Not Issued Separately)

한 글 번 역 | 네덜란드동인도군첩보국 심문보고 합본 제818, 820~824호(별쇄본 없음)

세 부 항 목 | Ⅹ. Propaganda and Psychological Warfare Information
XIII. General (Prostitution)

작성연월일 | 1945.1.10

작 성 자 | 해군소령 스미트[J. C. Smit(NEFIS 부국장)]

수 신 자 | NEFIS

국가 및 지역 | 인도네시아 자바 수라바야(Soerabaja, Java)

해 제 | 네덜란드동인도(인도네시아)군첩보국 보고 자료.
1944년 7월 수라바야에 수많은 위안소(brothel)들이 있었고 점차 증가하고 있었음. 대부분의 여성들은 자바인이었음. 뵈뵈탄－템반(Boeboetan-Tembaan)과 프라반(Praban) 구역에 가장 큰 위안소들이 있었음. 호텔과 기존의 민가들이 위안소 건물로 활용됨. 프람피탄(Plampitan)과 오뇌단 쾰른(Onedaan Koelon)에서 일본인 여성들을 목격함.

문 서 철 | －

출 처 | WAM(FM_015)

소 장 처 | NARA

내 용 분 류 | 피해실태

83. Compilation of NEFIS Interrogation Reports Nos. 723, 724, 727, 730, 734, 735, 736 and 803(Not Issued Separately)

한 글 번 역 | 네덜란드동인도군첩보국 심문보고 합본 제723, 724, 727, 730, 734, 735, 736, 803호(별쇄본 없음)

세 부 항 목 | Ⅲ. General (Prostitution)

작성연월일 | 1945.1.16

작 성 자 | 육군중령 스퍼어[S. H. Spoor(NEFIS 국장)]

수 신 자 | NEFIS

국가 및 지역 | 인도네시아 할마헤라(Halmahera)

해 제 | 네덜란드동인도(인도네시아)군첩보국 보고 자료.
1943년 10월~1944년 8월 롤로바타(Lolobata), 와실만(Wasile Bay), 할마헤라의 위안부(prostitute)들이 셀레베스(Celebes)로 이동하기 위해 승선했던 배가 연합군의 폭격을 맞아 롤로바타에 가라앉았음. 많은 시체들이 해변가로 밀려왔음.

문 서 철 | -

출 처 | WAM(FM_019)

소 장 처 | NARA

내 용 분 류 | 피해실태

84. Compilation of NEFIS Interrogation Reports Nos. 886, 887 and 888 (Not Issued Separately)

한 글 번 역 | 네덜란드동인도군첩보국 심문보고 합본 제886, 887, 888호(별쇄본 없음)

세 부 항 목 | Ⅲ. Tactical Data on Enemy Military Forces
Ⅳ. Summary of Naval Information
Ⅴ. Basic Air Information
Ⅵ. Information Regarding Guerrilla Forces
Ⅶ. Geographic Information
Ⅷ. Political and Social Information
Ⅹ. Propaganda and Psychological Warfare Information
XI. Astrocities
XIII. General (Prostitution)

작성연월일 | 1945.1.27

작 성 자 | 육군중령 스퍼어[S. H. Spoor(NEFIS 국장)]

수 신 자 | NEFIS

국가 및 지역 | 인도네시아 자바 시투본도(Sitoebondo, Java)

해 제 | 네덜란드동인도(인도네시아)군첩보국 보고 자료.
1944년 7월 자바 시투본도 아룬아룬(Aloon-aloon)의 호텔에 5명의 유럽인 여성이 있었고, 일본인 장교들이 이 호텔을 이용함.

문 서 철 | -

출 처 | WAM(FM_016)

소 장 처 | NARA, AWM

내 용 분 류 | 피해실태

85. Compilation of NEFIS Interrogation Reports Nos. 997~1005 (Not Issued Separately)

한 글 번 역 | 네덜란드동인도군첩보국 심문보고 합본 제997~1005호(별쇄본 없음)

세 부 항 목 | Ⅲ. Tactical Data on Enemy Military Forces
XIII. General (Prostitution)

작성연월일 | 1945.2.6

작　성　자 | 육군중령 스퍼어[S. H. Spoor(NEFIS 국장)]

수　신　자 | NEFIS

국가 및 지역 | 인도네시아 할마헤라(Halmahera)

해　　　제 | 네덜란드동인도(인도네시아)군첩보국 보고 자료.
1944년 9월 와실만(Wasile Bay)에 100명의 자바인, 90명의 중국인, 30명의 마나도인(Manadonese), 30명의 일본인 위안부(prostitute)들을 목격함.

문　서　철 | -

출　　　처 | WAM(FM_020)

소　장　처 | NARA, AWM

내 용 분 류 | 피해실태

86. Compilation of NEFIS Interrogation Reports Nos. 1066, 1196~1233 (Not Issued Separately)

한 글 번 역 | 네덜란드동인도군첩보국 심문보고 합본 제1066, 1196~1233호(별쇄본 없음)

세 부 항 목 | Ⅹ. Propaganda and Psychological Warfare Information
Ⅻ. Personalities
XIII. General (Prostitution)

작성연월일 | 1945.2.12

작 성 자 | 육군중령 스퍼어[S. H. Spoor(NEFIS 국장)]

수 신 자 | NEFIS

국가 및 지역 | 인도네시아 암본섬(Ambon)

해 제 | 네덜란드동인도(인도네시아)군첩보국 보고 자료.
1944년 1월, 암본섬에 위안소(brothel)가 있었음. 여성들은 유러시아인, 상기르인(Sanggirese), 자바인 등으로 다양함.

문 서 철 | -

출 처 | WAM(FM_038)

소 장 처 | NARA

내 용 분 류 | 피해실태

87. NEFIS Interrogation Report No.1234

한 글 번 역 | 네덜란드동인도군첩보국 심문보고 1234호

세 부 항 목 | XIII. General (Clubs)

작성연월일 | 1945.2.28

작 성 자 | 육군중령 스퍼어[S. H. Spoor(NEFIS 국장)]

수 신 자 | NEFIS

국가 및 지역 | 인도네시아 자바 반둥(Bandung, Java)

해 제 | 네덜란드동인도(인도네시아)군첩보국 보고 자료.
1943년 9월 반둥에 독일인, 이탈리안, 그리고 일본군 장교들이 사용하던 클럽이 존재했음.

문 서 철 | -

출 처 | WAM(FM_017)

소 장 처 | NARA

내 용 분 류 | 피해실태

88. Compilation of NEFIS Interrogation Reports Nos. 1235~1238 (Not Issued Separately)

한 글 번 역 | 네덜란드동인도군첩보국 심문보고 합본 제1235~1238호(별쇄본 없음)

세 부 항 목 | Ⅲ. Tactical Data on Enemy Military Forces
XI. Astrocities
XII. Personalities
XIII. General (Prostitution)

작성연월일 | 1945.3.8

작 성 자 | 육군중령 스퍼어[S. H. Spoor(NEFIS 국장)]

수 신 자 | NEFIS

국가 및 지역 | 인도네시아 보르네오 타라칸(Tarakan, Borneo)

해 제 | 네덜란드동인도(인도네시아)군첩보국 보고 자료.
1944년 9월 라당(Ladang)에 일본군 장교들을 위한 50명의 일본인 여성들이 있었음.

문 서 철 | –

출 처 | WAM(FM_029)

소 장 처 | NARA, AWM

내 용 분 류 | 피해실태

89. NEFIS Interrogation Report No.1244

한 글 번 역 | 네덜란드동인도군첩보국 심문보고 1244호

세 부 항 목 | Ⅰ. Personal Data
Ⅱ. Chronology
Ⅲ. Tactical Data on Enemy Military Forces
Ⅻ. Personalities
<u>XIII. General (Prostitution)</u>

작성연월일 | 1945.3.9

작 성 자 | 육군중령 스퍼어[S. H. Spoor(NEFIS 국장)]

수 신 자 | NEFIS

국가 및 지역 | 인도네시아 할마헤라(Halmahera)

해 제 | 네덜란드동인도(인도네시아)군첩보국 보고 자료.
1944년 8월 할마헤라의 폴리에(Folie)에 위치한 위안소가 있다고 확인. 많은 수의 인도네시아 여성이 있었고, 중국인 여성이 이들을 관리했음.
위안소(brothel) 위치 표기된 지도 첨부.

문 서 철 | -

출 처 | WAM(FM_021)

소 장 처 | NARA, AWM

내 용 분 류 | 피해실태/관리감독

90. Compilation of NEFIS Interrogation Reports Nos. 1073 and 1251 (Not Issued Separately)

한 글 번 역 | 네덜란드동인도군첩보국 심문보고 합본 제1073, 1251호(별쇄본 없음)

세 부 항 목 | XIII. General (Prostitution)

작성연월일 | 1945.3.30

작 성 자 | 육군중령 스퍼어[S. H. Spoor(NEFIS 국장)]

수 신 자 | NEFIS

국가 및 지역 | 인도네시아 발리섬 덴파사르(Den Pasar, Bali)

해 제 | 네덜란드동인도(인도네시아)군첩보국 보고 자료.
1943년 11월 발리섬 덴파사르에 철조망이 설치된 작은 호텔이 위안소(brothel)로 활용됨.

문 서 철 | –

출 처 | WAM(FM_036)

소 장 처 | NARA

내 용 분 류 | 설치

91. NEFIS Interrogation Report No.1358

한 글 번 역 | 네덜란드동인도군첩보국 심문보고 제1358호

세 부 항 목 | Ⅰ. Personal Data
Ⅱ. Chronology
Ⅲ. Tactical Data on Enemy Military Forces
XIII. General (Prostitution)

작성연월일 | 1945.4.9

작 성 자 | 해군소령 스미트[J. C. Smit(NEFIS 부국장)]

수 신 자 | NEFIS

국가 및 지역 | 인도네시아 셀레베스섬 마나도(Menado, Celebes)

해 제 | 네덜란드동인도(인도네시아)군첩보국 보고 자료.
1944년 12월, 10명의 일본인 여성과 50명의 인도네시아 소녀(girls)들이 모터수리점 근처의 지그재그형 터널에 있었음. 터널의 양쪽은 무거운 나무문으로 막혀 있었고, 일본 헌병이 지키고 있었음.

문 서 철 | -

출 처 | WAM(FM_032)

소 장 처 | NARA, AWM

내 용 분 류 | 관리감독

92. NEFIS Interrogation Report No.1631

한 글 번 역 | 네덜란드동인도군첩보국 심문보고 제1631호

세 부 항 목 | Ⅰ. Personal Data
Ⅱ. Chronology
Ⅲ. Tactical Data on Enemy Military Forces
Ⅻ. Personalities
XIII. General (Prostitution)

작성연월일 | 1945.4.26

작 성 자 | 육군중령 스퍼어[S. H. Spoor(NEFIS 국장)]

수 신 자 | NEFIS

국가 및 지역 | 인도네시아 셀레베스섬(Celebes)

해 제 | 네덜란드동인도(인도네시아)군첩보국 보고 자료.
1944년 8월 외부에서 동원된, 18~20세의 자바인 소녀 100명이 위안 목적으로 일하도록 지시(unspecified purpose which proved to be prostitution)를 받았음. 그들은 위안소(brothel)로 배치되고 일주일에 한 번 일본인 의사로부터 성병검진을 받았음.

문 서 철 | –

출 처 | WAM(FM_033)

소 장 처 | NARA, AWM

내 용 분 류 | 동원/위생

93. Compilation of NEFIS Interrogation Reports Nos. 1247 and 1248 (Not Issued Separately)

한 글 번 역 | 네덜란드동인도군첩보국 심문보고 합본 제1247, 1248호(별쇄본 없음)

세 부 항 목 | Ⅲ. Tactical Data on Enemy Military Forces
Ⅳ. Summary of Naval Information
Ⅴ. Basic Air Information
Ⅷ. Political and Social Information
Ⅸ. Economic Information
Ⅹ. Propaganda and Psychological Warfare Information
XIII. General (Prostitution)

작성연월일 | 1945.5.2

작 성 자 | 육군중령 스퍼어[S. H. Spoor(NEFIS 국장)]

수 신 자 | NEFIS

국가 및 지역 | 인도네시아 셀레베스섬 마카사르(Makasaar, Celebes)

해 제 | 네덜란드동인도(인도네시아)군첩보국 보고 자료.
1944년 10월, 셀레베스섬 마카사르에 여러 개의 위안소(brothel)가 존재했으며, 20명의 일본인 여성이 있었음.

문 서 철 | –

출 처 | WAM(FM_034)

소 장 처 | NARA, AWM

내 용 분 류 | 피해실태

94. Compilation of NEFIS Interrogation Reports Nos. 1590~1630 (Not Issued Separately)

한 글 번 역 | 네덜란드동인도군첩보국 심문보고 합본 제1590~1630호(별쇄본 없음)

세 부 항 목 | XII. Personalities
XIII. General (Prostitution)

작성연월일 | 1945.5.5

작 성 자 | 육군중령 스퍼어[S. H. Spoor(NEFIS 국장)]

수 신 자 | NEFIS

국가 및 지역 | 인도네시아 테르나테(Ternate), 할마헤라(Halmahera), 암본(Ambon)

해 제 | 네덜란드동인도(인도네시아)군첩보국 보고 자료.
1944년 11월 테르나테섬 점령 직후 젊은 여성들을 위안(prostitution) 목적으로 모집하고 배치(distribution)하는 센터를 설치함. 두 개의 위안소(brothel)가 설치됨.
위안소에는 마나도인(Menadonese), 자바인, 수마트라인, 중국인, 유럽여성들이 있었음. 이들은 할마헤라와 암본 등에 보내지기도 했음. 현지 여성들은 강제로 징모됨. 비혼여성만 징집했기 때문에 결혼율이 급격하게 올라감.

문 서 철 | -

출 처 | WAM(FM_022)

소 장 처 | NARA

내 용 분 류 | 동원/피해실태/설치

95. NEFIS Interrogation Report No.1252

한 글 번 역 | 네덜란드동인도군첩보국 심문보고 제1252호

세 부 항 목 | Ⅰ. Personal Data
Ⅱ. Chronology
XIII. General (Prostitution)

작성연월일 | 1945.5.14

작 성 자 | 육군중령 스퍼어[S. H. Spoor(NEFIS 국장)]

수 신 자 | NEFIS

국가 및 지역 | 인도네시아 셀레베스섬 마나도(Menado, Celebes)

해 제 | 네덜란드동인도(인도네시아)군첩보국 보고 자료.
1944년 9월 마나도 북부 토모혼(Tomohon)에 일본이 2개의 위안소(houses for prostitution)를 운영했음. 하나는 장교용이고, 하나는 하사관용이었음. 50명의 여성들이 하사관용 위안소에 있었고, 30명의 여성들이 장교용 위안소에 있었음. 여성들은 셀레베스섬 미나하사(minahasa) 곳곳에서 동원됨. 여성들은 이용자들에게 돈을 받을 수 있었고, 의복과 휴지를 일본군으로부터 제공받음. 여성들은 미모를 기준으로 선택되고, 체격검사를 통과해야 했음.
여성들은 민간병원에서 정기적인 진찰을 받았으며, 병에 걸렸을 때는 병원치료 후에 마을로 돌아갔음. 그들은 휴가를 갈 수 있었음.

문 서 철 | –

출 처 | WAM(FM_035)

소 장 처 | NARA, AWM

내 용 분 류 | 동원/관리감독/위생

96. NEFIS Interrogation Report No.1695

한 글 번 역 | 네덜란드동인도군첩보국 심문보고 제1695호

세 부 항 목 | Ⅰ. Personal Data
Ⅱ. Chronology
Ⅲ. Tactical Data on Enemy Military Forces
Ⅳ. Summary of Naval Information
Ⅴ. Basic Air Information
Ⅵ. Information Regarding Guerrilla Forces
Ⅶ. Geographic Information
Ⅷ. Political and Social Information
Ⅸ. Economic Information
Ⅻ. Personalities
XIII. General (Prostitution)

작성연월일 | 1945.5.18

작 성 자 | 해군소령 스미트[J. C. Smit(NEFIS 부국장)]

수 신 자 | NEFIS

국가 및 지역 | 인도네시아 할마헤라(Halmahera), 셀레베스(Celebes)

해 제 | 네덜란드동인도(인도네시아)군첩보국 보고 자료.
1944년 7월, 와실만(Wasile Bay), 할마헤라에 150명의 위안부(prostitute)들이 있었음. 이들은 일본인, 중국인, 말레이인, 유럽인들이었음. 이들은 1944년 8월에 모나다[Monada(셀레베스)]로 옮겨짐.

문 서 철 | -

출 처 | WAM(FM_023)

소 장 처 | NARA, AWM

내 용 분 류 | 피해실태/이송

97. NEFIS Interrogation Report No.1931/T

한 글 번 역 | 네덜란드동인도군첩보국 심문보고 제1931/T호

세 부 항 목 | Ⅲ. Tactical Data on Enemy Military Forces
XIII. General (Prostitution)

작성연월일 | 1945.6.2

작 성 자 | 육군중령 스퍼어[S. H. Spoor(NEFIS 국장)]

수 신 자 | NEFIS

국가 및 지역 | 인도네시아 보르네오 타라칸섬(Tarakan Island, Borneo)

해 제 | 네덜란드동인도(인도네시아)군첩보국 보고 자료.
1945년 4월, 자바로부터 온 인도네시아 위안부(women were imported from Java to served as prostitutes) 30명이 있었음. 이들 중 3명은 여전히 남아 있음. 몇몇은 일본인 위안부들과 함께 부륀간(Booloengan)으로 이동됨.

문 서 철 | –

출 처 | WAM(FM_030)

소 장 처 | NARA, AWM

내 용 분 류 | 피해실태/이송

98. NEFIS Interrogation Report No.1763(part 1)

한 글 번 역 | 네덜란드동인도군첩보국 심문보고 제1763호(1부)

세 부 항 목 | Ⅰ. Personal Data

Ⅱ. Chronology

Ⅲ. Tactical Data on Enemy Military Forces

Ⅻ. Personalities

XIII. General (Prostitution)

작성연월일 | 1945.6.8

작 성 자 | 육군중령 스퍼어[S. H. Spoor(NEFIS 국장)]

수 신 자 | NEFIS

국가 및 지역 | 인도네시아 발리섬 덴파사르(Den Pasar, Bali)

해 제 | 네덜란드동인도(인도네시아)군첩보국 보고 자료.
1945년 1월 이전에는 호텔로 쓰이던 2개 건물과 집들이 위안소(brothel)로 활용되었고, 주위에 철조망이 설치됨.

문 서 철 | –

출 처 | WAM(FM_037)

소 장 처 | AWM

내 용 분 류 | 설치

100. United States Office of War Information/Psychological Warfare Team Attached to US army forces india-burma theater/Japanese Prisoner of War Information Report No.49

한 글 번 역 | 전시정보국/인도-버마 전구 미군에 배속된 심리전 팀/일본인 포로 심문보고서 제49호

세 부 항 목 | PREFACE RECRUITING
PERSONALITY LIVING AND WORKING CONDITIONS
PRICE SYSTEM PAY AND LIVING CONDITIONS
REACTIONS TO JAPANESE SOLDIERS SOLDIERS' REACTIONS
REACTION TO THE MILITARY SITUATION
REATREAT AND CAPTURE PROPAGANDA
REQUESTS

작성연월일 | 1944.10.1

작 성 자 | 3급 기술병 알렉스 요리치(Alex Yorichi)

수 신 자 | OWI

국가 및 지역 | 미얀마 미치나(Myitkyina)

해 제 | 전시정보국(OWI)이 미치나(버마)에서 포획한 조선인 '위안부' 20명을 심문하고 작성한 보고서. 심문자는 일본계 2세 미군인 알렉스 요리치(Alex Yorichi)임. '위안부'의 동원부터 시작하여 생활 환경, 위안소 운영 체계 등에 대한 아주 상세한 내용을 담고 있음. '위안부'를 심문 대상으로 한 보고서 중에서는 가장 자세한 자료임. 동남아시아번역심문센터(SEATIC) 심문회보 제2호는 위안부들이 있었던 위안소의 업자인 기타무라(Kitamura)를 추가적으로 심문한 내용을 포함하고 있음. 두 보고서의 내용을 비교하면서 검토해야 함.

문 서 철 | NARA RG 208 Entry NC 148 378 Box 445

출 처 | WAM(K_US_OWI049)
국민기금(5권, 203~210쪽)
요시미 자료집(439~452쪽)
서울대 자료집(2권, 508~514쪽)

소 장 처 | NARA

내 용 분 류 | 동원/설치/관리감독/피해실태

101. Activities of United States Office of War Information Psychological Warfare Team in Nothern Burma August 12 to August 24 Report No.5

한 글 번 역 | 전시정보국 버마북부 심리전팀의 8월 12일에서 24일까지의 활동 보고서 제5호

세 부 항 목 | Leaflet Operations
Liason with 36 Indian Division
Prisoners of War and PW

작성연월일 | 1944.8

작 성 자 | OWI 심리전팀

수 신 자 | OWI

국가 및 지역 | 미얀마 미치나(Myitykyina)

해 제 | 인도 아삼주 레도의 전시정보국(OWI) 심리전팀에서 생산한 주간 보고서임. 조선인 위안부(comfort girls) 21명이 포로로 잡혔고, 그 뒤에 포로수용소에서 사진과 영상을 찍었다는 내용이 있음.

문 서 철 | NARA RG 208 Entry NC 148 6G Box 7

출 처 | 서울대 자료집(2권, 42쪽)

소 장 처 | NARA

내 용 분 류 | 피해실태/귀환문제

102. Weekly Report No.8

한 글 번 역 | 주간보고서 제8호

세 부 항 목 | Military Situation
Relations with 36 Indian Division
Relations with British
Relation with OSS
Air Drop Situation
Prisoner of War Interrogation
Miscelianeous Ghab-Bag

작성연월일 | 1944.8.24

작 성 자 | 윌리암 카터(Willam D. Carter)

수 신 자 | 마셜 슐먼(Marshall D. Schulman)

국가 및 지역 | 미얀마 미치나(Myitykyina)

해 제 | 인도 아삼주 레도의 전시정보국(OWI) 심리전팀에서 생산한 주간 보고서임. 앞의 보고서보다 더욱 상세한 내용이 있음.
21명의 조선인 위안부들(comfort girls)이 포로로 있고, 포로수용소에서 포로의 사진과 동영상을 찍었지만 상태가 좋지 않아 그 다음에 일부 포로들(6명)만 추가 사진을 찍었다는 내용임.

문 서 철 | NARA RG 208 Entry NC 148 6G Box 7

출 처 | 서울대 자료집(2권, 46~52쪽)

소 장 처 | NARA

내 용 분 류 | 피해실태/귀환문제

103. Outpost Report TH-169

한 글 번 역 | 전초기지보고서 TH-169

세 부 항 목 | –

작성연월일 | 1945.2.13

작 성 자 | OWI China Division

수 신 자 | OWI

국가 및 지역 | 중국 난징(Nanking)

해 제 | 중국 충칭[重慶]에 있던 전시정보국(OWI) 전초기지의 보고서임.
일본의 전보를 도청한 것으로 1944년 11월 22일 중국 난징[南京]에서 미야자키현[宮崎縣]의 업자 하마다 기사부로(Hamada Kisaburo)에게 보내는 긴급전보이며 군 위안소에 얼마나 많은 소녀들이 필요한지 알려달라는 내용임.

문 서 철 | NARA RG 208 Entry NC 148 6J Box 7

출 처 | 서울대 자료집(2권, 58~63쪽)

소 장 처 | NARA

내 용 분 류 | 동원

104. Letter of Demands of the Japanese Soldiers(Yenan Report #37)

한 글 번 역 | 일본인병사들의 요구 서한(연안보고서 제37호)

세 부 항 목 | Ⅰ. Concerning Treatment

A. Salary and Deposits

B. Food

C. Canteen

D. Subsidary Foods

E. Clothing

F. Comfort Articles and Consolidation Bags

G. Recreations

Ⅱ. Concerning Discipline, Education

A. Disciplin and Saluting

B. Morale Lectures

C. Education and Training

D. Promotion and Merits

E. Punishment and Regulations Governing Lt.

F. Insult and Outrage

G. Gendarmes

Ⅲ. Concerning Letters and Leaves

A. Letters

B. Going out

C. Leaves of Absence

D. Visitors

Ⅳ. Concerning Reading, Assembly and Politics

Ⅴ. Concerning Military Actions

A. Garrison Life

B. Marching an``d Quarters

C. Battle

D. Looting, Atrocities, Murder and ARson

Ⅵ. Concerning Sick and Wounded Soldiers

Ⅶ. Demands for Non-Commissioned Officer

Ⅷ. Demands for Low-ranking Officers

Ⅸ. Demands for Civilians Attached to the Military

Ⅹ. Demands for Ex-Soldiers

Ⅺ. Concerning the Conscription System and Enlistment

A. Conscription

B. Enlistment

C. Levies

D. Return and Discharge

Ⅻ. Concerning the Assurance of ReEmployment and Security

XIII. Concerning the Lot of Enlisted Men's Families

A. Provision for Dependents

B. Money Grants the Bereaved Families

C. Reduction of Other Burdens and Comforting the Families

XIV. Concerning the National Treasury

XV. How can the above Demands be realized?

작성연월일 | 1942.8

작 성 자 | OWI

수 신 자 | OWI

국가 및 지역 | 중국

해 제 | 중국 충칭[重慶]에 있던 전시정보국(OWI)이 번역한 문서로 북중국의 일본군 일반 병사들의 회담과 요구사항을 적은 문서임.
오락(Recreation) 부분의 (1)항에 "위안대(Comfort Corps)는 후방만큼 전방에도 가야 한다"라고 되어 있으며 번호 앞에 X표시가 되어 있는 것은 우선적인 요구라는 의미임.

문 서 철 | NARA RG 208 Entry NC 148 6J Box 8

출 처 | 서울대 자료집(2권, 67~90쪽)

소 장 처 | NARA

내 용 분 류 | 설치

105. Outpost Report JRA-9

한 글 번 역 | 전초기지보고서 JRA-9

세 부 항 목 | The Myitykyina Area
The Japanese Occuaption
Relations of Japanese to Burmans
Burma Independence
Economic Situation
Currency and Inflation
Food-Shortage
Burmese Attitude toward Allies
News and Japanese Propaganda
Japanese Morale
Effects of Air Raids on morale
Religion
Medicine
The RailRoad
Conscription = Labor & Property
Miscellany
Leaflet Dropping

작성연월일 | 1944.7.11

작 성 자 | OWI New Delhi

수 신 자 | OWI

국가 및 지역 | 미얀마 미치나(Myitykyina)

해 제 | 인도 뉴델리에 있던 전시정보국(OWI) 뉴델리 전초기지의 보고서로 일본에 협력했던 미얀마(버마)인들에 대한 심문보고임. 버마 미치나의 일본인 민간인은 위안소(brothel) 관리자 한 명뿐이었고, 대부분 조선인 여성이었다고 함.

문 서 철 | NARA RG 208 Entry NC 148 6J Box 13

출 처 | 서울대 자료집(2권, 96~112쪽)

소 장 처 | NARA

내 용 분 류 | 피해실태

106. Outpost Report JRA-103

한 글 번 역 | 전초기지보고서 JRA-103

세 부 항 목 | History
Military History
Capture
Information & Propaganda
Fighting Conditions
- Entertainment
General Ideas

작성연월일 | 1944.8.31

작 성 자 | OWI New Delhi

수 신 자 | OWI

국가 및 지역 | 미얀마

해 제 | 인도 뉴델리에 있던 전시정보국(OWI) 뉴델리 전초기지의 보고서로 일본 육군 이등병 오가와 요시토(Ogawa Yoshito)에 대한 심문보고서임.
버마에 있던 위안부(comfort kit girls) 대부분이 조선인이라고 증언하고 있음.

문 서 철 | NARA RG 208 Entry NC 148 6J Box 13

출 처 | 서울대 자료집(2권, 138~141쪽)

소 장 처 | NARA

내 용 분 류 | 피해실태

107. Outpost Report JRA-108

한 글 번 역 | 전초기지보고서 JRA-108

세 부 항 목 | 1. Administration

2. Economic Conditions
3. Medical
4. Political
5. Japanese Army
6. Disease
   (a) Verneral Disease
7. Captain Namura and Hara

작성연월일 | 1944.8.31

작 성 자 | OWI New Delhi

수 신 자 | OWI

국가 및 지역 | 미얀마 미치나(Myitykyina)

해 제 | 인도 뉴델리에 있던 전시정보국(OWI) 뉴델리 전초기지의 보고서로 1944년 4월 상황에 대해 영국군이 제공한 상황을 정리한 보고서임.
버마 미치나에서 40명의 위안부(prostitute)가 밥티스트 미션스쿨을 개조한 건물에 있었고, 이들 중 70%는 성병에 걸려 있다는 내용이 있음.

문 서 철 | NARA RG 208 Entry NC 148 6J Box 13

출 처 | 서울대 자료집(2권, 145~152쪽)

소 장 처 | NARA

내 용 분 류 | 설치/피해실태

108. Outpost Report JRA-126

한 글 번 역 | 전초기지보고서 JRA-126

세 부 항 목 | Circumstances of Capture
Evaluation
Information & Propaganda
Fighting Conditions
Air Support
General Ideas

작성연월일 | 1944.9.16

작 성 자 | OWI New Delhi

수 신 자 | OWI

국가 및 지역 | 미얀마 미치나(Myitykyina)

해 제 | 1944년 8월 3일 미치나에서 붙잡힌 조선인 간호사 미야모토 기쿠에(Miyamoto Kikuye)를 심문하고 1944년 9월 16일 뉴델리 전초기지에서 작성한 보고서임. 보고서 시작 부분에 "미치나 함락 당시 '조선인 위안부' 무리들과 함께 포획되었다(Captured in the company of "the Korean Comfort Girls" when Mitkyina fell)"라고 서술되어 있고, 챈(Chan) 대위의 회고록에서도 '위안부'로 묘사되어 있지만, 심문보고서상에서는 간호부로서의 차별을 말하고 있을 뿐 '위안부'였다는 정황은 드러나지 않음.

문 서 철 | NARA RG 208 Entry NC 148 6J Box 13

출 처 | 서울대 자료집(2권, 156~159쪽)

소 장 처 | NARA

내 용 분 류 | 기타

109. Outpost Report JRA-128

한 글 번 역 | 전초기지보고서 JRA-128

세 부 항 목 | Circumstances of Capture
Evaluation
Information & Propaganda
Fighting Conditions
<u>Officers</u>
Air Support
General Ideas

작성연월일 | 1944.9.28

작 성 자 | OWI New Delhi

수 신 자 | OWI

국가 및 지역 | 미얀마 미치나(Myitykyina)

해 제 | 전시정보국(OWI) 뉴델리 전초기지에서 작성한 것으로, 일본 육군 조장(Sergeant Major) 미야치 이사무(Miyachi Isamu)에 대한 심문보고서임.
마루야마(Maruyama) 대좌가 병사들에게 나누어주어야 할 보급품으로 파티를 열었고, 그 파티에는 '위안부(comfort girls)'도 있었다는 진술이 있음.

문 서 철 | NARA RG 208 Entry NC 148 6J Box 13

출 처 | 서울대 자료집(2권, 166~175쪽)

소 장 처 | NARA

내 용 분 류 | 피해실태

110. Outpost Report JRA-172

한 글 번 역 | 전초기지보고서 JRA-172

세 부 항 목 | Ⅰ. General Bacground Informations

Ⅱ. Contact with Propaganda and Recreations Thereto

Ⅲ. Morale, Beliefs, and Opinions

9. What Japanese Soldiers at the Front Talk about

Ⅳ. Experiences and Physical Condition of Troops as They Affect Morale

3. Amenities

작성연월일 | 1944.11.22

작 성 자 | OWI New Delhi

수 신 자 | OWI

국가 및 지역 | 미얀마

해 제 | 전시정보국(OWI) 뉴델리 전초기지에서 1944년 11월 22일에 작성한 것으로, 일본군 육군 조장(Sergeant Major) 포로번호 M-743에 대한 심문보고서임.

포로에 대한 심문은 OWI 요원인 러셀 앤드러스(Russell Andrus)와 제임스 마이클스(James Michaels)에 의해서 이루어졌고 별도의 통역원인 월레스 나가오(Wallace Nagao) 병장이 있었음.

포로는 위안소(comfort station)에 한 달에 서너 번 방문한 경험이 있었음. 그는 일본군에는 다른 유흥거리가 없었기 때문에 위안소의 존재가 사기를 올리는데 매우 중요하다고 진술함. 특히 전선에 보내지기 전에 위안소에 방문하는 것을 '특권'이라고 보고 있음. 육군이 해군 · 공군에 비해 '위안부(comfort girls)'에 대해서도 차별받고 있다는 언급도 등장함.

문 서 철 | NARA RG 208 Entry NC 148 6J Box 13

출 처 | 서울대 자료집(2권, 180~202쪽)

소 장 처 | NARA

내 용 분 류 | 설치

111. Outpost Report JRA-175

한 글 번 역 | 전초기지보고서 JRA-175

세 부 항 목 | Ⅰ. General Bacground Informations
Ⅱ. Contact with Propaganda and Recreations Thereto
Ⅲ. Morale, Beliefs, and Opinions
Ⅳ. Experiences and Physical Condition of Troops as They Affect Morale
4. Pay and Amenities

작성연월일 | 1944.11.11

작 성 자 | OWI New Delhi

수 신 자 | OWI

국가 및 지역 | 미얀마

해 제 | 전시정보국(OWI) 뉴델리 전초기지에서 1944년 11월 11일 작성한 것으로, 일본군 육군중위 포로번호 M-555에 대한 심문보고서임.
포로에 대한 심문은 러셀 앤드러스와 제임스 마이클스에 의해 이루어졌고 동남아시아번역심문센터(SEATIC)가 통역을 제공했음. 포로는 18사단 제1타이완 보병연대 소속되어 있었음. 한 달에 두세 번 위안소(comfort station)를 방문했다고 진술하고 있음.

문 서 철 | NARA RG 208 Entry NC 148 6J Box 13

출 처 | 서울대 자료집(2권, 212~220쪽)

소 장 처 | NARA

내 용 분 류 | 이용

112. Outpost Report JRA-196

한 글 번 역 | 전초기지보고서 JRA-196

세 부 항 목 | Ⅰ. General Bacground Informations

Ⅱ. Contact with Propaganda and Recreations Thereto

Ⅲ. Morale, Beliefs, and Opinions

Ⅳ. Experiences and Physical Condition of Troops as They Affect Morale

4. Pay and Amenities

작성연월일 | 1945.2.4

작 성 자 | OWI New Delhi

수 신 자 | OWI

국가 및 지역 | 중국

해 제 | 전시정보국(OWI) 뉴델리 전초기지에서 작성한 것으로, 일본군 보병 분대장 포로번호 M-851에 대한 심문보고서임. 심문은 러셀 앤드러스에 의해 이루어졌고 통역은 월레스 나가오 병장과 스텐리 우노(Stanley Uno)가 하였음.
포로는 중국에 배치되어 있었을 때 한 달에 한두 번 위안소(comfort station)에 방문하였지만, 모가웅(Mogaung) 지역에서는 오락거리가 없었다고 진술하고 있음.

문 서 철 | NARA RG 208 Entry NC 148 6J Box 13

출 처 | 서울대 자료집(2권, 225~230쪽)

소 장 처 | NARA

내 용 분 류 | 이용

113. Outpost Report JRA-205

한 글 번 역 | 전초기지보고서 JRA-205

세 부 항 목 | Ⅰ. General Bacground Informations
Ⅱ. Contact with Propaganda and Recreations Thereto
Ⅲ. Morale, Beliefs, and Opinions
Ⅳ. Experiences and Physical Condition of Troops as They Affect Morale
4. Pay and Amenities

작성연월일 | –

작 성 자 | OWI New Delhi

수 신 자 | OWI

국가 및 지역 | 미얀마

해 제 | 전시정보국(OWI) 뉴델리 전초기지에서 작성한 것으로 6명의 일본군 포로에 대한 심문을 종합한 것임.
포로에 대한 심문은 러셀 앤드러스와 제임스 마이클스에 의해 이루어졌고 월레스 나가오 병장이 통역으로 참가. 이 보고서는 동남아시아번역심문센터(SEATIC)의 협조 아래 작성되었고, SEATIC 심리전 심문회보 제3호와 동일한 내용을 담고 있음.
전선에는 위안소(comfort station)를 제외하고는 돈을 쓸 곳이 없었다고 진술함. 육군상등병(Superior Private)인 M-344는 위안소 방문을 둘러싼 갈등 때문에 선임병이 후임병을 폭행했다고 진술함.

문 서 철 | NARA RG 208 Entry NC 148 6J Box 14

출 처 | 서울대 자료집(2권, 234~242쪽)

소 장 처 | NARA

내 용 분 류 | 이용

비 고 | File Date는 수기로 19450111로 표기되어 있음.

114. Outpost Report JRA-206

한 글 번 역 | 전초기지보고서 JRA-206

세 부 항 목 | 1. General Bacground Informations
2. Contact with Propaganda and Recreations Thereto
3. Morale, Beliefs, and Opinions
4. Experiences and Physical Condition of Troops as They Affect Morale
(d) Pay and Amenities

작성연월일 | 1944.12.22

작 성 자 | OWI New Delhi

수 신 자 | OWI

국가 및 지역 | 태국 방콕(Bnagkok)

해 제 | 전시정보국(OWI) 뉴델리 전초기지에서 작성한 것으로, 일본군 하급 장교였던 포로번호 M-454에 대한 심문보고서임. 심문은 러셀 앤드러스가 했고 월레스 나가오 병장과 다카무라(Takamura)가 통역으로 참가함. 이 심문은 SEATIC의 협조하에서 합동심문센터－인도[CSDIC (I)]에서 이루어졌으며, SEATIC 심리전 심문회보 제5호와 동일한 내용을 담고 있음.
포로는 방콕에 위안소(comfort station)가 있었다고 진술함. 장교들은 이러한 시설 대신에 "호텔(Hotel)"에 방문했다고 함. 포로가 위안소를 방문한 적은 없음. 마니푸르(Manipur)의 전선지역에는 유흥거리가 없었다고 진술함.

문 서 철 | NARA RG 208 Entry NC 148 6J Box 14

출 저 | 서울대 자료집(2권, 247~256쪽)

소 장 처 | NARA

내 용 분 류 | 이용

비 고 | 다른 보고서들과 다르게 로마자가 아닌 숫자가 목차의 제일 큰 항목임.

119. Outpost Report WDC-289(Jameson, Saw)

한 글 번 역 | 전초기지보고서 WDC-289(제임슨, 소우)

세 부 항 목 | History

Military Information

Treatment by Japanese

Money

Japanese Relations with Burmans and Karens

<u>Japanese Relations with Women</u>

Miscellaneous

Japanese and the Pongyis

작성연월일 | 1944.4.8

작 성 자 | OWI New Delhi

수 신 자 | OWI

국가 및 지역 | 미얀마 메이묘(Maymyo)

해 제 | 전시정보국(OWI) 뉴델리 전초기지에서 1944년 4월 20일 작성, 일본군에게 포로가 되었던 카렌족 병사 소우 제임슨(Saw Jameson), 소우 흘라마웅(Saw Hla Maung), 소우 마웅퀴(Saw Maung Kyi) 세 명에 대한 심문보고서임.

이들은 일본군 포로가 되었다가 탈출하여 중국군에게 항복하였음. 소우 제임슨은 일본군이 버마인과 카렌인 여성들을 간호사로 모집하고, 일본군 위안소(Comfort station)에 활용했다고 진술함. 장교와 사병들을 위한 위안소(station)가 설치되었음. 또한 메이묘의 길거리에서 열 명 정도의 여성을 보았으며, 이들이 간호사와 위안부(comfort girl) 일을 교대로 수행한다고 들었음. 만달레이와 카타(Katha) 사이의 작은 역에서 일본군 상급 장교용으로 끌려가는 중국인 여성을 목격한 적도 있음.

문 서 철 | NARA RG 208 Entry NC 148 6J Box 16

출 처 | 서울대 자료집(2권, 330~333쪽)

소 장 처 | NARA

내 용 분 류 | 설치/동원/피해실태

비 고 | 서울대 자료집에는 아래의 문서와 함께 하나의 항목으로 수록되어 있지만, 심문 대상자와 제공하는 정보가 다소 다르기 때문에 두 개의 문건으로 나누어 정리함. 통합보고서 작성일자는 1944년 4월 20일임.

120. Outpost Report WDC-289(Saw Hla Maung)

한 글 번 역 | 전초기지보고서 WDC-289(소우 흘라 마웅)

세 부 항 목 | Organization
Background
History
Jap Treatment
Order of Battle

작성연월일 | 1944.4.8

작　성　자 | OWI New Delhi

수　신　자 | OWI

국가 및 지역 | 미얀마 메이묘(Maymyo), 만달레이(Mandalay), 사가잉(Sagaing)

해　　　제 | 전시정보국(OWI) 뉴델리 전초기지에서 1944년 4월 20일 작성한 것으로, 일본군에게 포로가 되었던 카렌족 병사 소우 제임슨(Saw Jameson), 소우 흘라마웅(Saw Hla Maung), 소우 마웅퀴(Saw Maung Kyi) 세 명에 대한 심문보고서임. 이들은 일본군에게 포로가 되었다가 셋이 함께 탈출하여 중국군에게 항복하였음. 이들 중 소우 흘라 마웅은 메이묘에 있는 대부분의 위안부대(comfort unit) 여성들이 중국인과 일본인이지만, 많은 버마인과 카렌족도 있었다고 진술함. 메이묘의 샨족으로부터 일본군이 샨족 여성을 납치했다는 소문을 듣기도 함. 또한 메이묘, 만델레이, 사가잉에서 간호사를 모집한다는 명목으로 카렌, 샨, 버마, 앵글로 인디안 여성들을 모집한 뒤 위안소(army comfort camps)에 배치한 일에 대해서도 증언함.

문　서　철 | NARA RG 208 Entry NC 148 6J Box 16

출　　　처 | 서울대 자료집(2권, 334~336쪽)

소　장　처 | NARA

내 용 분 류 | 설치/동원/피해실태

비　　　고 | 서울대 자료집에는 위의 문서와 함께 하나의 항목으로 수록되어 있지만, 심문대상자가 다르고, 제공하는 정보가 다소 다르기 때문에 두 개의 문건으로 나누어 정리함. 통합보고서의 작성일자는 1944년 4월 20일임.

121. Outpost Report WDC-404

한 글 번 역 | 전초기지보고서 WDC-404

세 부 항 목 | Family
Education
Knowledge of Americans
Army Travels
News Sources
No Jungle Training
Leisure
Troop Morale
55th Reg. from Kyushu
War Thinking

작성연월일 | 1944.6.15

작 성 자 | OWI New Delhi

수 신 자 | OWI

국가 및 지역 | 미얀마

해 제 | 전시정보국(OWI) 뉴델리 전초기지에서 1944년 6월 15일 작성한 것으로, 일본군 육군 병장 모리 시게루(MORI Shigeru)에 대한 심문보고서임. 심리전팀의 존 에머슨과 아키지 요시무라(Akiji Yoshimura)가 1944년 2월 28일 심문을 진행함. 포로는 18사단 55연대 소속으로 '위안부(girls at Comfort Stations)'가 존재했다고 진술함.

문 서 철 | NARA RG 208 Entry NC 148 6J Box 16

출 처 | 서울대 자료집(2권, 344~353쪽)

소 장 처 | NARA

내 용 분 류 | 피해실태

122. Outpost Report WDC-406

한 글 번 역 | 전초기지보고서 WDC-406

세 부 항 목 | POW's Background
POW's Attitude
Circumstances Surrounding the Capture
On Suicide
Suicide in the Rear
On the American POW
Treatment at Hospital
War in Burma
On Soldiers and Armies
On the Natives
On Women
Special Service Entertainment and Recreation
On Propaganda Leaflets and Newspapers
On Officers
Food
Prisoner Exchange

작성연월일 | 1944.6.15

작 성 자 | OWI New Delhi

수 신 자 | OWI

국가 및 지역 | 미얀마

해 제 | 전시정보국(OWI) 뉴델리 전초기지에서 1944년 6월 15일 작성, 18사단 56연대 소속 일본군 육군 오장 이츠시 류(Itsushi Ryu)에 대한 심문보고서임. 심문자는 미군 일본계 2세(Nisei)인 심리전팀 소속 켄지 야스이(Kenji Yasui)임. 포로는 일본군'위안부(comfort women)'는 모두 조선인이고 군 주둔지 주변 도시에 있었으며 일주일에 하루만 방문이 허락되었다고 진술함. 이들이 전투지대에는 파견되지 않았고, 만약 그랬다면 성에 굶주린 병사들에 이해 죽었을 것이리고 진술함.

문 서 철 | NARA RG 208 Entry NC 148 6J Box 16

출 처 | 서울대 자료집(2권, 357~366쪽)

소 장 처 | NARA

내 용 분 류 | 관리감독/피해실태

123. Outpost Report WDC-407

한 글 번 역 | 전초기지보고서 WDC-407

세 부 항 목 | Japan
Burma Fighting
Prostitution

작성연월일 | 1944.6.15

작 성 자 | OWI New Delhi

수 신 자 | OWI

국가 및 지역 | 미얀마

해 제 | 전시정보국(OWI) 뉴델리 전초기지에서 1944년 6월 15일 작성한 것으로, 일본군 포로 오가타 게이치(Ogata Geichi)에 대한 심문보고서임. 심문은 칼 요네다(Karl Yoneda)가 담당하였고 문서의 편집은 알렉스 요리치가 담당함.
포로는 버마의 후방지역에 있을 때 일본인과 조선인 여성이 있는 위안소(the house of prostitution)에 방문하였다고 진술함. 포로에 따르면 위안소 요금은 사병, 하사관, 장교들에게 차등적이었고, 위안소는 큰 마을이 있는 후방에 있었으며, 전방이나 작은 마을에는 없었음.

문 서 철 | NARA RG 208 Entry NC 148 6J Box 16

출 처 | 서울대 자료집(2권, 381~384쪽)

소 장 처 | NARA

내 용 분 류 | 이용/관리감독

비 고 | 성매매(Prostitution)는 버마전투(Burma Fighting)의 하위항목임.

124. Outpost Report WDC-400

한 글 번 역 | 전초기지보고서 WDC-400

세 부 항 목 | 1st Interrogation(about Jan 28)
Second Unterrogation(Jan 30)

작성연월일 | 1944.6.15

작 성 자 | OWI New Delhi

수 신 자 | OWI

국가 및 지역 | 미얀마

해 제 | 전시정보국(OWI) 뉴델리 전초기지에서 1944년 6월 15일에 작성한 것으로, 일본군 육군 상등병(Lance Corporal) 이치로 후유모토(ICHIRO Fuyumoto)에 대한 심문보고서임.
포로는 연대에서 배치해준 '위안부대(Comfort Unit)'가 각 부대마다 있었고, 이 '위안부대'는 조선인, 일본인, 중국인 여성으로 구성되었다고 진술했음. 포로는 미군에 이런 서비스가 없는지 심문자에게 질문하기도 했는데, 심문자가 없다고 대답하자 매우 놀랐다는 반응을 보였음.

문 서 철 | NARA RG 208 Entry NC 148 366A Box 231

출 처 | 서울대 자료집(2권, 394~403쪽)

소 장 처 | NARA

내 용 분 류 | 설치

127. SE 4450

한 글 번 역 | –

세 부 항 목 | –

작성연월일 | 1945.8.18

작 성 자 | 휴이트[J. R. Hewit(SEAC Photo Unit)]

수 신 자 | OWI

국가 및 지역 | 미얀마 펜웨건(Penwecon)

해 제 | 영국군 사진병이 촬영한 것으로, 미국 전시정보국(OWI)에 공람된 사진들을 미국국립문서기록관리청(NARA)이 소장한 것임.
일본군에 의해 위안부대(Comfort Corps)로 끌려온 광둥 출신의 중국인 '위안부' 5명(SE 4443에 등장했던 '위안부'들) 중 4명이 무언가를 읽고 있는 장면을 담고 있음.

문 서 철 | NARA RG 208 Entry AA Box 314

출 처 | 서울대 자료집(3권, 47쪽)

소 장 처 | NARA

내 용 분 류 | 포로

비 고 | 사진자료. 사진 캡션에 '위안부'에 해당하는 표현은 없음.

128. SE 4522

한 글 번 역 | -

세 부 항 목 | -

작성연월일 | 1945.8.18

작 성 자 | 육군병장 티트머스[Titmuss A D(9 Army Film & Photographic Unit)]

수 신 자 | OWI

국가 및 지역 | 미얀마 시탕강 근처(Sittang Area)

해 제 | 영국군 사진병이 촬영한 것으로, 미국 전시정보국(OWI)에 공람된 사진들을 미국국립문서기록관리청(NARA)이 소장한 것임.
사진은 일본군에 의해 위안부대(Comfort Corps)로 끌려온 3명의 중국인 여성들이 랑군의 포로수용소에서 휴식을 취하고 있는 장면을 담고 있음.

문 서 철 | NARA RG 208 Entry AA Box 314

출 처 | 서울대 자료집(3권, 49쪽)

소 장 처 | NARA

내 용 분 류 | 피해실태

비 고 | 사진자료. 사진 캡션에 '위안부'에 해당하는 표현은 없음.

129. SE 4523

한 글 번 역 | -

세 부 항 목 | -

작성연월일 | 1945.8.18

작　성　자 | 육군병장 티트머스[Titmuss A D(9 Army Film & Photographic Unit)]

수　신　자 | OWI

국가 및 지역 | 미얀마 시탕강 근처(Sittang Area)

해　　　제 | 영국군 사진병이 촬영한 것으로, 미국 전시정보국(OWI)에 공람된 사진들을 미국국립문서기록관리청(NARA)이 소장한 것임.
사진은 일본군에 의해 위안부대(Comfort Corps)로 끌려온 3명의 중국인 여성들(SE 4522에 등장한 여성들) 중 1명인 챈라이챔(Chan Lai Cham)과 랑군의 영국군 장교가 대화하는 장면을 담고 있음.

문　서　철 | NARA RG 208 Entry AA Box 314

출　　　처 | 서울대 자료집(3권, 51쪽)

소　장　처 | NARA

내 용 분 류 | 포로

비　　　고 | 사진자료. 사진 캡션에 '위안부'에 해당하는 표현은 없음.

130. Japanese Commercial Message Intercepted at Chungking No.2

한 글 번 역 | 충칭에서 입수한 일본상업전보 제2호

세 부 항 목 | -

작성연월일 | 1944.12.21

작 성 자 | 칼 베링거[Carl H. Boehringer(Second Secretary of Embassy)]

수 신 자 | 미 국무부

국가 및 지역 | 중국 난징(Nanking)

해 제 | 전시정보국(OWI) 충칭 전초기지에서 도청한 일본의 상업 전보들을 충칭 미국 대사관에서 미 국무부에 제출하기 위해 편집한 보고서 제2호임.

내용은 전초기지 보고서(Outpost Report) TH-169와 동일한 것으로, 1944년 11월 22일 난징에서 미야자키현[宮崎縣] 업자 하마다 기사부로(Hamada Kisaburo)에게 보내는 긴급전보로 군 위안소에 얼마나 많은 소녀들이 필요한지 알려달라는 내용임.

문 서 철 | NARA RG 208 Entry NC 148 370 Box 377

출 처 | 서울대 자료집(2권, 437~494쪽)

소 장 처 | NARA

내 용 분 류 | 모집

Y-군(중국군) 생산 자료

Y-군(Y-Force)은 제2차 세계대전 기간 동안 미군과 연합하여 버마 북부와 중국 윈난 지역에서 전투를 치른 중국군이다. 장제스[蔣介石]의 국민당군으로 구성되었다.

중국－버마－인도(CBI) 전구의 전투 과정에서 중국군은 인도 지역의 Y-군(X-Force)과 중국 윈난 지역의 Y-군(Y-Force)으로 편성되었다. Y-군은 송산(松山)과 텅충[騰衝]을 거쳐 버마 북부를 공격해 탈환했다. Y-군은 전투 일지를 비롯하여 주간 · 월간 · 정기 보고서를 생산했으며, 이들 기록물에는 1944년 당시 조선인'위안부'에 관한 다양한 정보가 포함되어 있다.

131. G-2-3 Daily Diary July 30. 1944

한 글 번 역 | G-2-3 일지 1944년 7월 30일

세 부 항 목 | -

작성연월일 | 1944.7.30

작 성 자 | -

수 신 자 | Y-Force

국가 및 지역 | 중국 텅충(Tengchung)

해 제 | 중국군을 주력으로 구성된 Y-군에서 작성한 G-2-3 일지는 배속된 미군 장교가 전투 상황을 시간별로 자세하게 남기기 위해서 작성한 것임.
당시 Y-군은 레도 도로를 개통하기 위해 중국 윈난성과 버마의 국경지대인 텅충[騰衝], 룽링[龙陵], 망시(芒市), 송산(松山, 일본에서는 송산을 라모[拉孟], 텅충을 도에츠[騰越]로 부르고 있음) 등지에 흩어져 있던 일본군 요새들을 공격하고 있었으며 이하의 일지들은 이 지역 일본군의 동태, 전투 상황 등을 자세하게 보여주고 있음.
중국군 제53군의 9시 30분 보고. 텅충의 도시 안에는 200명의 중국인 노동자와 배반자들, 20명의 위안부들(prostitutes), 4명의 통역자들이 남아 있음.

문 서 철 | NARA RG 493 Entry UD-UP 513 Box 7

출 처 | 서울대 자료집(3권, 130~132쪽)

소 장 처 | NARA

내 용 분 류 | 피해실태

132. G-2-3 Daily Diary AUG 10. 1944

한 글 번 역 | G-2-3 일지 1944년 8월 10일

세 부 항 목 | –

작성연월일 | 1944.8.10

작 성 자 | –

수 신 자 | Y-Force

국가 및 지역 | 중국 텅충(Tengchung)

해 제 | 중국군을 주력으로 구성된 Y-군에서 작성한 G-2-3 일지는 배속된 미군 장교가 전투 상황을 시간별로 자세하게 남기기 위해서 작성한 것임.
중국원정군(CEF)의 15시 보고. 텅충에 일본군 148연대 2대대와 1, 3대대의 잔류 인원과 함께 10명의 조선인 위안부(Korean Whores)와 민간인 50명이 있다는 기록.

문 서 철 | NARA RG 493 Entry UD-UP 513 Box 7

출 처 | 서울대 자료집(3권, 133~135쪽)

소 장 처 | NARA

내 용 분 류 | 피해실태

133. G-2-3 Daily Diary AUG 22. 1944

한 글 번 역 | G-2-3 일지 1944년 8월 22일

세 부 항 목 | –

작성연월일 | 1944.8.22

작 성 자 | 슈펭글러(H. M. Spengler) 대령

수 신 자 | Y-Force

국가 및 지역 | 중국 송산(Sungshan)

해 제 | 중국군을 주력으로 구성된 Y-군에서 작성한 G-2-3 일지는 배속된 미군 장교가 전투 상황을 시간별로 자세하게 남기기 위해서 작성한 것임.
중국군 제8군의 15시 보고. 송산에서 공격 중 1명의 중국인 여성과 10명의 중국인 배반자들을 포로로 잡았다는 기록.
위안부와 관련된 내용은 없음.

문 서 철 | NARA RG 493 Entry UD-UP 513 Box 7

출 처 | 서울대 자료집(3권, 136~140쪽)

소 장 처 | NARA

내 용 분 류 | 기타

134. G-2-3 Daily Diary AUG 31. 1944

한 글 번 역 | G-2-3 일지 1944년 8월 31일

세 부 항 목 | -

작성연월일 | 1944.8.31

작 성 자 | 슈펭글러(H. M. Spengler) 대령

수 신 자 | Y-Force

국가 및 지역 | 중국 텅충(Tengchung)

해 제 | 중국군을 주력으로 구성된 Y-군에서 작성한 G-2-3 일지는 배속된 미군 장교가 전투 상황을 시간별로 자세하게 남기기 위해서 작성한 것임.
중국군 제11집단군의 14시 보고. 텅충성 내부를 공격하여 교차로 주변까지 70야드를 남기고 진격 중 일본군 장교 2명이 사살당한 것을 발견했으며, 일본인 여성 한 명이 할복한 것도 발견하였음.

문 서 철 | NARA RG 493 Entry UD-UP 513 Box 7

출 처 | 서울대 자료집(3권, 141~143쪽)

소 장 처 | NARA

내 용 분 류 | 피해실태

135. G-2-3 Daily Diary SEPT 5. 1944

한 글 번 역 | G-2-3 일지 1944년 9월 5일

세 부 항 목 | -

작성연월일 | 1944.9.5

작 성 자 | 슈펭글러(H. M. Spengler) 대령

수 신 자 | Y-Force

국가 및 지역 | 중국 송산(Sungshan)

해 제 | 중국군을 주력으로 구성된 Y-군에서 작성한 G-2-3 일지는 배속된 미군 장교가 전투 상황을 시간별로 자세하게 남기기 위해서 작성한 것임.
중국군 제8군의 17시 보고. 송산의 마을 지역을 점령하였고, 잘 차려입은 여성 시신 6구를 다차이[Tachai, 大寨]에서 발견하였는데 자살한 것으로 보인다는 기록.

문 서 철 | NARA RG 493 Entry UD-UP 513 Box 7

출 처 | 서울대 자료집(3권, 144~148쪽)

소 장 처 | NARA

내 용 분 류 | 피해실태

136. G-2-3 Daily Diary SEPT 6. 1944

한 글 번 역 | G-2-3 일지 1944년 9월 6일

세 부 항 목 | -

작성연월일 | 1944.9.6

작 성 자 | 슈펭글러(H. M. Spengler) 대령

수 신 자 | Y-Force

국가 및 지역 | 중국

해 제 | 중국군의 전투 보고.
위안부와 관련된 내용은 없으나 당시 윈난 지역 전쟁 피해 상황을 보여줌.

문 서 철 | NARA RG 493 Entry UD-UP 513 Box 7

출 처 | 서울대 자료집(3권, 149~152쪽)

소 장 처 | NARA

내 용 분 류 | 기타

137. G-2-3 Daily Diary SEPT 8. 1944

한 글 번 역 | G-2-3 일지 1944년 9월 8일

세 부 항 목 | –

작성연월일 | 1944.9.8

작 성 자 | 슈펭글러(H. M. Spengler) 대령

수 신 자 | Y-Force

국가 및 지역 | 중국 송산(Sungshan)

해 제 | 중국군을 주력으로 구성된 Y-군에서 작성한 G-2-3 일지는 배속된 미군 장교가 전투 상황을 시간별로 자세하게 남기기 위해서 작성한 것임.
중국군 제8군의 10시 보고. 송산에서 잡은 포로들 중에는 조선인 여성이 6명 있음. 56사단 소속의 일본군 포로들은 1944년 4월에 버마 라시오에서 송산으로 이동했다고 말했음.

문 서 철 | NARA RG 493 Entry UD-UP 513 Box 7

출 처 | 서울대 자료집(3권, 153~156쪽)

소 장 처 | NARA

내 용 분 류 | 피해실태

138. G-2-3 Daily Diary SEPT 9. 1944

한 글 번 역 | G-2-3 일지 1944년 9월 9일

세 부 항 목 | –

작성연월일 | 1944.9.9

작　성　자 | 슈펭글러(H. M. Spengler) 대령

수　신　자 | Y-Force

국가 및 지역 | 중국 텅충(Tengchung)

해　　　제 | 중국군을 주력으로 구성된 Y-군에서 작성한 G-2-3 일지는 배속된 미군 장교가 전투 상황을 시간별로 자세하게 남기기 위해서 작성한 것임.

중국군 제53군의 14시 보고. 중국군 116사단이 포로 5명으로부터 얻은 정보로, 그들의 우두머리는 조선인 통역자임. 그는 자신들의 무리가 북서쪽 성문으로 탈출했다고 말함. 그에 따르면 일본군 3대대장인 대위가 격려 연설에서 그들의 부대는 9일에 연대기를 태우고 자살공격으로 마무리할 것이라고 말했다고 함. 텅충성 안에는 중국인 민간인 60명과 조선인 위안부들(Korean Whores)이 있었음.

문　서　철 | NARA RG 493 Entry UD-UP 513 Box 7

출　　　처 | 서울대 자료집(3권, 157~159쪽)

소　장　처 | NARA

내 용 분 류 | 피해실태

139. G-2-3 Daily Diary SEPT 10. 1944

한 글 번 역 | G-2-3 일지 1944년 9월 10일

세 부 항 목 | –

작성연월일 | 1944.9.10

작　성　자 | 슈펭글러(H. M. Spengler) 대령

수　신　자 | Y-Force

국가 및 지역 | 중국 텅충(Tengchung)

해　　　제 | 중국군을 주력으로 구성된 Y-군에서 작성한 G-2-3 일지는 배속된 미군 장교가 전투 상황을 시간별로 자세하게 남기기 위해서 작성한 것임.
중국군 116사단의 10시 30분 보고. 텅충성 안에서 21명의 포로를 생포하였는데 그중에는 여성, 아이, 통역관과 조선인 한 명이 있었음.

문　서　철 | NARA RG 493 Entry UD-UP 513 Box 7

출　　　처 | 서울대 자료집(3권, 160~163쪽)

소　장　처 | NARA

내 용 분 류 | 피해실태

140. G-2-3 Daily Diary SEPT 14. 1944

한 글 번 역 | G-2-3 일지 1944년 9월 14일

세 부 항 목 | -

작성연월일 | 1944.9.14

작　성　자 | 슈펭글러(H. M. Spengler) 대령

수　신　자 | Y-Force

국가 및 지역 | 중국 텅충(Tengchung)

해　　　제 | 중국군을 주력으로 구성된 Y-군에서 작성한 G-2-3 일지는 배속된 미군 장교가 전투 상황을 시간별로 자세하게 남기기 위해서 작성한 것임.
중국원정군(CEF)의 9시 30분 보고. 텅충성 내에서 경기관총 2문, 소총 12개와 함께 여성 1명을 붙잡았음.

문　서　철 | NARA RG 493 Entry UD-UP 513 Box 7

출　　　처 | 서울대 자료집(3권, 164~166쪽)

소　장　처 | NARA

내 용 분 류 | 피해실태

141. G-2-3 Daily Diary SEPT 15. 1944

한 글 번 역 | G-2-3 일지 1944년 9월 15일

세 부 항 목 | -

작성연월일 | 1944.9.15

작 성 자 | 슈펭글러(H. M. Spengler) 대령

수 신 자 | Y-Force

국가 및 지역 | 중국 텅충(Tengchung)

해 제 | 중국군을 주력으로 구성된 Y-군에서 작성한 G-2-3 일지는 배속된 미군 장교가 전투 상황을 시간별로 자세하게 남기기 위해서 작성한 것임.
중국원정군(CEF)의 9시 보고. 텅충의 점령까지는 51일이 걸렸음. 그 기간 동안 일본군 장교 50명과 사병 2,800명을 사살하였고 장교와 사병을 포함한 일본군 50명을 생포했음. 여성 13명 또한 포획하였음.
중국군 제54집단군의 11시 보고. 13일 밤 일본군이 도시 안 30명의 조선인 여성들을 총살하였음.

문 서 철 | NARA RG 493 Entry UD-UP 513 Box 7

출 처 | 서울대 자료집(3권, 167~170쪽)

소 장 처 | NARA

내 용 분 류 | 피해실태

142. Fld HQ Y-Fos G-2 Report No.68

한 글 번 역 | Y군 야전 사령부 G-2 보고서 제68호

세 부 항 목 | -

작성연월일 | 1944.8.9~1944.8.10

작 성 자 | 존 클리블렌드 주니어(John A. Cleveland. Jr.) 중령

수 신 자 | Y-Force

국가 및 지역 | 중국 텅충(Tengchung)

해 제 | Y군 야전 사령부에서 작성한 G-2 보고서는 각 부대에서 보고한 일지 내용을 바탕으로 정리한 것임.
보고된 내용들을 적군 상황, 적군의 작전, 기타 사항으로 나누어 정리했음. 보고서의 내용 중에는 일지의 내용을 보충하는 것도 있지만, 빠진 부분도 있음. 중국원정군의 8월 9일 보고에 따르면 텅충에 일본군 148연대 2대대와 1, 3대대의 잔류 인원과 함께 10명의 조선인 위안부(Korean Whores)와 민간인 50명이 있다는 내용이 있음.

문 서 철 | NARA RG 493 Entry UD-UP 513 Box 9

출 처 | 서울대 자료집(3권, 231~232쪽)

소 장 처 | NARA

내 용 분 류 | 피해실태

143. Fld HQ Y-Fos G-2 Report No.91

한 글 번 역 | Y군 야전 사령부 G-2 보고서 제91호

세 부 항 목 | –

작성연월일 | 1944.9.8~1944.9.9

작 성 자 | –

수 신 자 | Y-Force

국가 및 지역 | 중국 텅충(Tengchung)

해 제 | Y군 야전 사령부에서 작성한 G-2 보고서는 각 부대에서 보고한 일지 내용을 바탕으로 정리한 것임.
중국군 제33군의 보고에 따르면 텅충성 안에는 대위가 인솔하는 200명의 전투 병력과 300명의 부상자가 있음. 또 60명의 중국인 민간인과 30명의 조선인 위안부(prostitutes)가 일본군과 함께 있다고 함.

문 서 철 | NARA RG 493 Entry UD-UP 513 Box 9

출 처 | 서울대 자료집(3권, 233쪽)

소 장 처 | NARA

내 용 분 류 | 피해실태

비 고 | 서울대 자료집에는 맨 앞 페이지만 있고 뒷부분은 없음.

144. G-2 Periodic Report No.62

한 글 번 역 | G-2 정기 보고서 제62호

세 부 항 목 | –

작성연월일 | 1944.9.3~1944.9.9

작 성 자 | 알버트 뉴턴(Albert Newton) 소령

수 신 자 | Y-Force

국가 및 지역 | 중국 송산(Sungshan)

해 제 | Y군 야전 사령부에서 작성한 G-2 보고서는 각 부대에서 보고한 일지 내용을 바탕으로 정리한 것임.
9월 6일 송산의 다차이를 점령하면서[106명의 일본군 사망자와 6명의 위안부(Comfort girls)가 집계됨] 마침내 송산을 차지했고 미얀마(버마) 도로를 룽링까지 열었다는 내용임.

문 서 철 | NARA RG 493 Entry UD-UP 513 Box 9

출 처 | 서울대 자료집(3권, 234~240쪽)

소 장 처 | NARA

내 용 분 류 | 피해실태

145. G-2 Periodic Report No.63

한 글 번 역 | G-2 정기 보고서 제63호

세 부 항 목 | –

작성연월일 | 1944.9.10~1944.9.16

작 성 자 | 알버트 뉴턴(Albert Newton) 소령

수 신 자 | Y-Force

국가 및 지역 | 중국 텅충(Tengchung)

해 제 | Y군 야전 사령부에서 작성한 G-2 보고서는 각 부대에서 보고한 일지 내용을 바탕으로 정리한 것임.
9월 14일 보고에 따르면 텅충에서는 장교 50명을 포함한 일본군 2,600명이 죽은 것으로 보고됨. 장교와 사병을 포함한 50명의 포로를 생포했고, 13명의 여성을 생포했다는 기록이 있음.

문 서 철 | NARA RG 493 Entry UD-UP 513 Box 9

출 처 | 서울대 자료집(3권, 241~247쪽)

소 장 처 | NARA

내 용 분 류 | 피해실태

146. Fld HQ Y-Fos G-2 Report No.97

한 글 번 역 | Y군 야전 사령부 G-2 보고서 제97호

세 부 항 목 | –

작성연월일 | 1944.9.15~1944.9.17

작 성 자 | 조셉 터스맨(Joseph Tussman) 대위

수 신 자 | Y-Force

국가 및 지역 | 중국 송산(Sungshan)

해 제 | Y군 야전 사령부에서 작성한 G-2 보고서는 각 부대에서 보고한 일지 내용을 바탕으로 정리한 것임.
중국군 제8군의 9월 15일 보고에 따르면 9월 13일 송산에서 중국군 병사가 일본군 부상병과 여성 2명을 생포했고, 14일에는 송산 북서쪽의 계곡에서 조선인 여성 1명과 일본군 병사 9명이 죽었다고 함.

문 서 철 | NARA RG 493 Entry UD-UP 513 Box 9

출 처 | 서울대 자료집(3권, 248쪽)

소 장 처 | NARA

내 용 분 류 | 피해실태

비 고 | 문서의 뒤쪽에는 다수의 당시 작전 지도들이 첨부되어 있음.
원 소장처의 문서에는 각 보고서들마다 이러한 작전 지도들이 첨부되어 있음.

미군 164통신사진중대 생산 자료

미군 164통신사진중대(164th Signal Photo Company)는 제2차 세계대전 중 중국-버마-인도 전구(CBI Theater)에서 군사작전에 참여한 미군의 사진 병대이다. 1943년 12월에 창설되었으며 사진과 동영상 촬영 담당 팀이 중대의 거의 절반을 차지했고 나머지는 장비 공급 및 수리 등의 관리팀이었다.

소속 병사들은 대다수 짧은 훈련을 받고 전장에 배치된 초보 전투 사진가들이었다. 현장 지형이나 무기 시스템, 그 외 일반 정보들을 촬영한 이미지와 영상들은 전투 작전을 지원하기 위한 것이었다. 대체로 사진과 동영상 카메라맨 2인이 1조가 되어 기록을 남겼다.

147. World War II in China

한 글 번 역 | 중국의 2차 세계대전

세 부 항 목 | -

작성연월일 | 1944.9.8 이후

작 성 자 | 육군병장 에드워드 페이(Edwards C. Fay)

수 신 자 | 164통신사진중대
(164th Signal Photo Company)

국가 및 지역 | 중국 송산(Sungshan0

해 제 | 중국 윈난 송산에서 포로로 잡힌 조선인 '위안부'가 18초 동안 피사체로 잡힌 영상임. 영상은 164통신사진중대 소속 에드워드 페이(Edwards C. Fay) 병장이 9월 8일 이후 촬영한 것으로 추정됨.

문 서 철 | NARA RG 111 ADC 9706

출 처 | 서울대 자료집(3권, 67~68쪽)

소 장 처 | NARA

내 용 분 류 | 피해실태

비 고 | 영상자료. 사진 캡션에 '위안부'에 해당하는 표현은 없음.

148. Lungling Remains, China

한 글 번 역 | 중국 룽링의 잔해

세 부 항 목 | -

작성연월일 | 1944.11.4

작　성　자 | 육군병장 에드워드 페이(Edwards C. Fay)

수　신　자 | 164통신사진중대
(164th Signal Photo Company)

국가 및 지역 | 중국 룽링(Lungling)

해　　　제 | 영상은 2층 건물을 원경으로 포착하면서 중국 국민당군 병사들이 물품들을 운반하고 있는 장면을 보여주고 있음. 이 건물은 그랜드 호텔(Grand Hotel)로 일본군이 위안소로 사용했던 건물이며, 촬영 당시에는 중국군의 보급창고로 사용되었음.

문　서　철 | NARA RG 111 ADC 2738

출　　　처 | 서울대 자료집(3권, 71쪽)

소　장　처 | NARA

내 용 분 류 | 설치

비　　　고 | 영상자료. 사진 캡션에 '위안부'에 해당하는 표현은 없음.

149. The Battle of Tengchung

한 글 번 역 | 텡충 전투

세 부 항 목 | –

작성연월일 | 1944.9.15

작 성 자 | 볼드윈(Baldwin)

수 신 자 | 164통신사진중대
(164th Signal Photo Company)

국가 및 지역 | 중국 텡충(Tengchung)

해 제 | 전멸 직전까지 전투가 전개되었던 텡충성 북동쪽 성문 근방의 성 안과 성 밖 장소를 촬영한 것으로 추정됨. 영상은 총 19초로, 성 밖 구덩이, 성 안, 성 밖 구덩이 순으로 6초-7초-6초 동안 전개됨. 성 안 장면의 경우 111-SC 212091과 다른 각도에서 동일한 장면을 포착하고 있으며, 성 밖 장면에서는 중국군 매장조가 시체들을 살피고 있음.

문 서 철 | NARA RG 111 ADC 2417

출 처 | 서울대 자료집(3권, 73~74쪽)

소 장 처 | NARA

내 용 분 류 | 피해실태

비 고 | 영상자료. 사진 캡션에 '위안부'에 해당하는 표현은 없음.

150. 111-SC 262580/CBI-44-21635

한 글 번 역 | –

세 부 항 목 | –

작성연월일 | 1944.8.14

작　성　자 | 육군기술병(T/4) 프랭크 시어러(Frank W. Shearer)

수　신　자 | 164통신사진중대
(164th Signal Photo Company)

국가 및 지역 | 미얀마 미치나(Myitykyina)

해　　　제 | 미치나에 있었던 3개 위안소 중 교에이 위안소에 있었던 조선인 '위안부(comfort girl)'들을 포로로 잡은 뒤 촬영한 사진임. 미치나 임시 포로처리소에서 챈(Won Loy Chan) 대위와 히라바야시(Hirabayashi) 병장, 혼다(Robert Honda) 병장으로 구성된 팀은 조선인 '위안부' 심문을 통해서 일본군 미치나 수비대의 주력인 18사단 114연대(마루야마 부대)의 장교와 전투 정보 등을 알아내고자 했음. 이 사진에는 챈 대위, 히라바야시 병장, 혼다 병장과 함께 3명의 조선인 '위안부'가 등장함.

문　서　철 | NARA RG 111 Entry SC Box 472

출　　　처 | WAM(K_US_262580)
국민기금(5권, 219쪽)
서울대 자료집(3권, 41쪽)

소　장　처 | NARA

내 용 분 류 | 피해실태/포로

비　　　고 | 사진자료.

151. CBI-44-60157/111-SC 247386

한 글 번 역 | –

세 부 항 목 | –

작성연월일 | 1944.9.8

작 성 자 | 육군기술병(T/5) 조지 코클렉(George L. Kocourek)

수 신 자 | 164통신사진중대
(164th Signal Photo Company)

국가 및 지역 | 중국 송산(Sungshan)

해 제 | 미군이 촬영한 사진으로서 중국군 8군사령부 일반참모 신카이(Shin-Kai) 대위와 8군 미군연락팀 아더 빅슬러(Arhtur L. Bixler) 병장이 일본군과 함께 송산에서 포로로 잡은 조선인 여성들(Korean women, 위의 사진 3장에서 등장했던 여성들)을 심문하고 있는 장면을 담고 있음. 햇필드(Hatfield)와 달리 코크렉(Kocourek)은 이 여성들에 대한 심문내용을 알고 있었기 때문에 이들이 조선인 여성임을 알았음.

문 서 철 | NARA RG 111 Entry SC Box 418

출 처 | WAM(K_US_247386)
국민기금(5권, 213쪽)
서울대 자료집(3권, 61쪽)

소 장 처 | NARA

내 용 분 류 | 피해실태/포로

비 고 | 사진자료.

152. 111-SC 262578/CBI-44-21519

한 글 번 역 | –

세 부 항 목 | –

작성연월일 | 1944.8.3

작 성 자 | 육군기술병(T/4) 프랭크 시어러(Frank W. Shearer)

수 신 자 | 164통신사진중대
(164th Signal Photo Company)

국가 및 지역 | 미얀마 미치나(Myitykyina)

해 제 | 미군이 촬영한 사진으로서 전시정보국(OWI) 레도팀 심리전팀 요원 칼 요네다(Karl Yoneda) 병장이 포로로 잡힌 여성 '김'이 일본군 '위안부(comfort girl)'였는지를 심문하고 있는 장면임. 그러나 사진이 찍힌 이후에 진행된 심문을 기초로 작성된 전초기지 보고서(Outpost Report) JRA-126에 따르면 '김'은 창씨명 미야모토 기쿠에(Miyamoto Kikuye)로, 당시 28살이었고, 제2야전병원 소속 간호사라고 함. '김'이 '위안부'였다는 정황은 드러나지 않음.
당시 칼 요네다 병장과 챈(Won Loy Chan) 대위는 '김'을 '위안부'로 오인한 것으로 보임. 이 사진을 촬영한 164통신사진중대 사진병 시어러(Shearer)도 칼 요네다의 심문을 지켜보았기 때문에 '위안부'라는 캡션을 작성한 것으로 보임.

문 서 철 | NARA RG 111 Entry SC Box 472

출 처 | WAM(K_US_262578)
국민기금(5권, 215쪽)
서울대 자료집(3권, 39쪽)

소 장 처 | NARA

내 용 분 류 | 피해실태/기타

비 고 | 사진자료. 이 사진의 여성은 조선인 '위안부'로 알려져 있으나 '위안부'임을 확정할 수 없음.

153. 111-SC 262579/CBI-44-21636

한 글 번 역 | -

세 부 항 목 | -

작성연월일 | 1944.8.14

작 성 자 | 육군기술병(T/4) 프랭크 시어러(Frank W. Shearer)

수 신 자 | 164통신사진중대
(164th Signal Photo Company)

국가 및 지역 | 미얀마 미치나(Myitykyina)

해 제 | 미군이 촬영한 사진으로서 미치나에 있었던 3개 위안소 중 교에이 위안소에 있었던 조선인 '위안부(comfort girl)'들을 포로로 잡은 뒤 촬영한 것임.
미치나 임시 포로처리소에서 챈(Won Loy Chan) 대위와 히라바야시(Hirabayashi) 병장, 혼다(Robert Honda) 병장으로 구성된 팀은 조선인 '위안부' 심문을 통해서 일본군 미치나 수비대의 주력인 18사단 114연대(마루야마 부대)의 장교와 전투 정보 등을 알아내고자 했음. 이 사진에는 조선인'위안부' 20명과 업자 1명, 그리고 미군들이 촬영되어 있음.

문 서 철 | NARA RG 111 Entry SC Box 472

출 처 | WAM(_US_262579)
국민기금(5권, 217쪽)
서울대 자료집(3권, 43쪽)

소 장 처 | NARA

내 용 분 류 | 피해실태/포로

비 고 | 사진자료.

154. CBI-44-29969/111-SC 230147

한 글 번 역 | –

세 부 항 목 | –

작성연월일 | 1944.9.3

작 성 자 | 육군이병 찰스 햇필드(Charles H. Hatfield)

수 신 자 | 164통신사진중대
(164th Signal Photo Company)

국가 및 지역 | 중국 송산(Sungshan)

해 제 | 중국 윈난 송산(Sungshan)에서 포로로 잡힌 일본군'위안부'를 포착한 사진임. 2000년 도쿄에서 열린 일본군 성노예 전범법정에서 북한의 피해자 박영심이 사진 속 만삭의 여성이 자신임을 지목한 사진으로 알려져 있음. 사진을 촬영한 햇필드(Hatfield) 이병은 피사체인 여성들을 일본군과 함께 있는 일본인 여성으로 오인하여 캡션상에는 일본인 여성으로 기록했음.

문 서 철 | NARA RG 111 Entry SC Box 356

출 처 | 서울대 자료집(3권, 55쪽)

소 장 처 | NARA

내 용 분 류 | 피해실태/포로

비 고 | 사진자료. 사진 캡션에 '위안부'에 해당하는 표현은 없음.

155. CBI-44-29971/111-SC 230148

한 글 번 역 | -

세 부 항 목 | -

작성연월일 | 1944.9.3

작 성 자 | 육군이병 찰스 햇필드(Charles H. Hatfield)

수 신 자 | 164통신사진중대
(164th Signal Photo Company)

국가 및 지역 | 중국 송산(Sungshan)

해 제 | 중국 윈난 송산(Sungshan)에서 포로로 잡힌 일본군'위안부'를 포착한 사진임. 중국군 8군이 송산 야산의 마을 동굴에서 숨어 있던 여성을 발견하고, 군사령부에 연락을 취하고 있음. 사진을 촬영한 햇필드(Hatfield) 이병은 피사체인 여성들을 일본군과 함께 있는 일본인 여성으로 오인하여 캡션상에는 일본인 여성으로 기록했음.

문 서 철 | NARA RG 111 Entry SC Box 356

출 처 | 서울대 자료집(3권, 57쪽)

소 장 처 | NARA

내 용 분 류 | 피해실태/포로

비 고 | 사진자료. 사진 캡션에 '위안부'에 해당하는 표현은 없음.

156. CBI-44-29992/111-SC 230349

한 글 번 역 | –

세 부 항 목 | –

작성연월일 | 1944.9.7

작 성 자 | 육군이병 찰스 햇필드(Charles H. Hatfield)

수 신 자 | 164통신사진중대
(164th Signal Photo Company)

국가 및 지역 | 중국 송산(Sungshan)

해 제 | 사진은 미군 메이어 틴슬리(Myer L. Tinsley)가 중국군 8군의 포격으로 부상당한 여성을 송산 야산의 굴에서 포로로 잡고, 붕대를 감아주고 있는 장면을 담고 있음. 뒤에서는 2명의 중국군이 노획한 일본기를 내보이고 있음. 사진을 촬영한 햇필드(Hatfield) 이병은 피사체인 여성들을 일본군과 함께 있는 일본인 여성으로 오인하여 캡션상에는 일본인 여성으로 기록했음.

문 서 철 | NARA RG 111 Entry SC Box 418

출 처 | 서울대 자료집(3권, 59쪽)

소 장 처 | NARA

내 용 분 류 | 피해실태

비 고 | 사진자료. 사진 캡션에 '위안부'에 해당하는 표현은 없음.

157. CBI-44-60370/111-SC 212091

한 글 번 역 | –

세 부 항 목 | –

작성연월일 | 1944.9.15

작 성 자 | 육군기술병(T/4) 프랭크 맨워렌(Frank D. Manwarren)

수 신 자 | 164통신사진중대
(164th Signal Photo Company)

국가 및 지역 | 중국 텅충(Tengchung)

해 제 | 사진은 송산 근처 텅충(Tengchung)성 안팎에서 벌어진 미중연합군 Y군과 일본군의 전투 결과로 성 안에서 사망한 일본군과 여성의 시체를 피사체로 담고 있음. Y군의 작전일지 등으로 볼 때 조선인 '위안부'의 시체일 가능성이 높음.

문 서 철 | NARA RG 111 Entry SC Box 292

출 처 | 서울대 자료집(3권, 63쪽)

소 장 처 | NARA

내 용 분 류 | 피해실태

비 고 | 사진자료. 사진 캡션에 '위안부'에 해당하는 표현은 없음.

158. CBI-44-60371/111-SC 212090

한 글 번 역 | –

세 부 항 목 | –

작성연월일 | 1944.9.15

작　성　자 | 육군기술병(T/4) 프랭크 맨워렌(Frank D. Manwarren)

수　신　자 | 164통신사진중대
(164th Signal Photo Company)

국가 및 지역 | 중국 텅충(Tengchung)

해　　　제 | 사진은 송산 근처 텅충(Tengchung)성 안팎에서 벌어진 미중연합군 Y군과 일본군의 전투 결과로 성 밖 참호에서 사망한 일본군과 조선인 여성(Korean Women)의 시체를 피사체로 담고 있음. Y군의 작전일지 등으로 볼 때 조선인 '위안부'의 시체일 가능성이 높음.

문　서　철 | NARA RG 111 Entry SC Box 292

출　　　처 | 서울대 자료집(3권, 65쪽)

소　장　처 | NARA

내 용 분 류 | 피해실태

비　　　고 | 사진자료. 사진 캡션에 '위안부'에 해당하는 표현은 없음.

미 육군 생산 자료

미 육군 산하 기관에서 생산했으나, 분류하기가 애매하거나 그 구체적인 부서를 특정할 수 없는 자료들을 묶었다. 필리핀에서 작전한 미군 일반참모2부(G-2) 163 언어파견대가 작성한 조선인'위안부'에 관한 심문보고서, 인도 레도 포로수용소에서 발견된 잡다한 서류 등이 포함되었다.

159. Combined Enemy Alien Preliminary Interrogation Reports

한 글 번 역 | 적군 외국인에 대한 종합예비심문보고

세 부 항 목 | Ⅰ. Personal Details
Ⅱ. Assessment
Ⅲ. General Information

작성연월일 | 1945.5.21

작 성 자 | 육군중위 휴 핸나포드(Hugh Hanaford)

수 신 자 | 1군단 본부 G2 163 언어파견대(HQ I Corps, G-2, 163rd Language Detachment)

국가 및 지역 | 필리핀 루손(Luzon)

해 제 | 이 문서는 1군단 G-2 163 언어파견대가 1945년 5월 19일 필리핀 루손섬 딩가란 만 근처에서 포로로 잡힌 조선인 '위안부(prostitute)' 5명(마츠모토 야나기, 가네모토 모모코, 가네모토 요이, 소노다 긴란, 소노다 소란 등)에 대한 심문보고서임.
일본군의 기획과 관리에 의해 '위안부'로 동원되고 배치된 정황을 잘 보여주는 자료임.

문 서 철 | NARA RG 165 Entry NM 84 177 Box 922

출 처 | WAM(FM_004)
서울대 자료집(1권, 568~570쪽)

소 장 처 | NARA

내 용 분 류 | 동원/이송/피해실태/포로

비 고 | 소노다 소란은 소노다 긴란과 자매임. 소노다 소란은 김소란이라는 기명으로 일본군'위안부' 피해자 증언집『강제로 끌려간 조선인 군위안부들 3』(한국정신대문제대책협의회 · 정신대연구회 편, 한울, 1999)에 구술을 남겼음.

160. Clothing For Female Prisoner of War

한 글 번 역 | 여성 포로들을 위한 의복 요청

세 부 항 목 | -

작성연월일 | 1944.9.5

작 성 자 | 육군소령 진 존스(Jean L. Jones)

수 신 자 | Director, 미국적십자(American Red Cross)

국가 및 지역 | 인도 레도(Ledo)

해 제 | 1944년 9월 5일 인도 레도에 위치한 중국-버마-인도 전구(CBI)의 보급부(SOS)가 작성한 문서임.
버마 미치나에서 생포되었던 20명의 조선인 '위안부'들은 인도 북동부 아삼주에 위치한 레도 기지로 이송되었으며 이곳에서 한 달 이상 생활하면서 심문을 받았다는 기록이 있음.
이 문서는 수용소에 수감되어 있는 여성들을 위한 의복의 재료를 미국 적십자사에 요청하는 것으로서 카키색 원단과 바늘, 단추 등의 재료를 가능한 빨리 구해달라고 적고 있음.

문 서 철 | NARA RG 493 Entry UD-UP 185 Box 80

출 처 | 서울대 자료집(3권, 122~123쪽)

소 장 처 | NARA

내 용 분 류 | 포로

161. Ledo Stockade

한 글 번 역 | 레도 수용소

세 부 항 목 | –

작성연월일 | 1944.9.6

작 성 자 | U.S. MP Ledo

수 신 자 | –

국가 및 지역 | 인도 레도(Ledo)

해 제 | 인도 레도 수용소의 문서철에서 발견된 잡다한 서류들 중 하나임.
미치나에서 생포되었던 20명의 조선인 '위안부'들은 레도 기지의 수용소에서 생활하였음. 이 카드에는 텐트 3개에 수용되어 있는 여성들의 이름이 적혀 있음. 총 20명의 이름이 적혀 있는데 미치나 위안소의 일본인 업자였던 기타무라(Kitamura) 부부의 이름이 포함되어 있기 때문에 카드상의 '위안부' 여성은 18명임.
'일본인 포로 심문보고서 49호'의 부록에 적힌 이름과는 달리 이 카드에는 이름이 창씨명으로 적혀 있어 비교가 가능함.
원 제목 부분의 'Ledo'는 찢겨져 있지만 그 옆에 수기로 작성되어 있음.

문 서 철 | NARA RG 493 Entry UD-UP 196 Box 140

출 처 | 서울대 자료집(3권, 127쪽)

소 장 처 | NARA

내 용 분 류 | 포로

162. PW in Stockade/Receipt of POW's/Enemy Prisoner

한 글 번 역 | 수용소의 포로
포로 수령증
적군 포로

세 부 항 목 | -

작성연월일 | 1945.4.3

작 성 자 | 에드워드 요클(Edward A. Yockel) 중위

수 신 자 | -

국가 및 지역 | 버마 시포(Hsipaw)

해 제 | 인도 레도 수용소의 문서철에서 발견된 잡다한 서류들 중 일부임. 1945년 4월 2일에 레도 수용소로 보내진 일본인 통역자 후쿠야마 마사키치(Fukuyama Masakichi)와 그 아내 포쿠 시쿠(Poku Shiku)에 관한 내용이 있음. 포쿠 시쿠는 버마 시포에서 '위안부'들의 요리사였음. 정황상 위안소를 관리했던 업자일 가능성이 있음.

문 서 철 | NARA RG 493 Entry UD-UP 196 Box 140

출 처 | 서울대 자료집(3권, 125~126쪽, 128쪽)

소 장 처 | NARA

내 용 분 류 | 관리감독

미 해군 생산 자료

미 해군 산하 기관에서 생산했으나, 분류하기가 애매하거나 그 구체적인 부서를 특정할 수 없는 자료들을 묶었다. 일본군의 패전으로 전투가 끝난 후 필리핀이나 중부태평양 축섬, 오키나와에서 미 해군이 생산한 보고서 및 사진들이다. 조선인'위안부'의 귀환과 관련한 정보들을 담고 있다.

163. Bilibid Prison

한 글 번 역 | 빌리비드 수용소

세 부 항 목 | -

작성연월일 | 1945.3.9

작 성 자 | -

수 신 자 | -

국가 및 지역 | 필리핀 빌리비드(Bilibid)

해 제 | 필리핀의 빌리비드 수용소의 항공 사진임. 이 수용소에는 조선인 '위안부'들이 다수 수용되어 있었음. 이들에 대한 신상 카드가 남아 있음.

문 서 철 | NARA RG 127 Entry GC Box 81

출 처 | 서울대 자료집(3권, 104쪽)

소 장 처 | NARA

내 용 분 류 | 포로

비 고 | 사진자료.

164. G-2, G-3 Report for Occupation Forces Truk and Central Carolines War Diary

한 글 번 역 | 트럭 점령군 및 중부 캐롤라이나 제도 전투일지의 G-2, G-3 보고서

세 부 항 목 | –

작성연월일 | 1946.1.17

작 성 자 | 해병중령 시릴 엠리치(Cyril E. Emrich)

수 신 자 | –

국가 및 지역 | 미크로네시아 연방 트럭(축섬)(Truk)

해 제 | 중부태평양 축섬의 미군이 작성한 보고서 중 사진만을 선별한 것임. 보고서에는 총 10장의 사진이 첨부되어 있는데 이 중 5장이 조선인 여성을 촬영한 사진. 이 여성들은 '위안부'로 확인됨.
* 축섬은 과거에는 트럭으로 불렀으나 현지 언어에 가까운 지명명은 축섬임.

문 서 철 | NARA RG 127 Entry A1 468 Box 95

출 처 | 서울대 자료집(3권, 107~115쪽)

소 장 처 | NARA

내 용 분 류 | 귀환문제/포로

비 고 | 사진자료.

165. Headquarters U.S. Naval Military Government Okinawa, Pictorial Supplement to Report of Military Government Activities for November 1945

한 글 번 역 | 1945년 11월 오키나와 미해군정 월간보고의 사진부록

세 부 항 목 | –

작성연월일 | 1945.11

작 성 자 | –

수 신 자 | 오키나와 군정 부사령관(Deputy Commander for Military Government, Okinawa)

국가 및 지역 | 오키나와

해 제 | 1945년 11월 당시 오키나와 코자(Koza) 캠프에 있던 한국인 위안부들(comfort girls) 사진. 11월에 한국으로 귀환했다고 기록되어 있음. 미 군정에게 이들은 지속적인 골칫덩어리(trouble)였다고 기록하고 있음. 몇몇은 점령 초기에 지역 병원의 간호사로 근무했다고 함.

문 서 철 | NARA RG 313 Entry P 31 Box 19

출 처 | WAM(FM_003)
요시미자료집(582쪽)
서울대 자료집(3권, 103쪽)

소 장 처 | NARA

내 용 분 류 | 귀환문제/포로

비 고 | 사진자료.

166. 80-G-319140

한 글 번 역 | –

세 부 항 목 | –

작성연월일 | 1945.4.21

작　성　자 | 해군예비역(USNR) 대위 에드워드 서커슨(Edward C. Sockerson)

수　신　자 | USS Ponaganset

국가 및 지역 | 일본 오키나와 자마미섬(Zamami, Okinawa)

해　　　제 | 사진은 오키나와 게라마군도의 자마미섬 임시수용소를 담고 있음. 이 임시수용소는 도카시키섬과 자마미섬에서 생존한 조선인 '위안부'들이 오키나와 본섬의 수용소로 옮겨지기 전에 구금되었던 수용소임.

문　서　철 | NARA RG 80 Entry G Box 1189

출　　　처 | 서울대 자료집(3권, 79쪽)

소　장　처 | NARA

내 용 분 류 | 포로

비　　　고 | 사진자료. 사진 캡션에 '위안부'에 해당하는 표현은 없음.

167. 80-G 319133

한 글 번 역 | –

세 부 항 목 | –

작성연월일 | 1945.4.21

작 성 자 | 해군예비역(USNR) 대위 에드워드 서커슨(Edward C. Sockerson)

수 신 자 | USS Ponaganset

국가 및 지역 | 일본 오키나와 자마미섬(Zamami, Okinawa)

해 제 | 오키나와 게라마군도 내 자마미섬과 도카시키섬에 배치되었던 조선인 '위안부' 생존자를 피사체로 담고 있음. 자마미섬 임시수용소에는 최소 6명의 조선인 '위안부'가 생존해 있었음. 4명은 자마미섬에 배치되었다가 생존한 여성들이고, 2명은 도카시키섬에 있다가 미군의 포로가 되어 자마미섬 임시수용소로 이송되었던 여성들임. 사진 캡션에서는 일본 조선인(Jap Koreans)이라는 표현을 쓰고 있음.

문 서 철 | NARA RG 80 Entry G Box 1189

출 처 | 서울대 자료집(3권, 81쪽)

소 장 처 | NARA

내 용 분 류 | 포로

비 고 | 사진자료. 사진 캡션에 '위안부'에 해당하는 표현은 없음.

168. 80-G 319155

한 글 번 역 | –

세 부 항 목 | –

작성연월일 | 1945.4.21

작 성 자 | 해군예비역(USNR) 대위 에드워드 서커슨(Edward C. Sockerson)

수 신 자 | USS Ponaganset

국가 및 지역 | 일본 오키나와 자마미섬(Zamami, Okinawa)

해 제 | 오키나와 게라마군도 내 자마미섬과 도카시키섬에 배치되었던 조선인 '위안부' 생존자를 피사체로 담고 있음. 사진 캡션에서는 일본 조선인(Jap Koreans)이라는 표현을 쓰고 있음.

문 서 철 | NARA RG 80 Entry G Box 1189

출 처 | 서울대 자료집(3권, 83쪽)

소 장 처 | NARA

내 용 분 류 | 포로

비 고 | 사진자료. 사진 캡션에 '위안부'에 해당하는 표현은 없음.

169. 80-G 319156

한 글 번 역 | -

세 부 항 목 | -

작성연월일 | 1945.4.21

작　성　자 | 해군예비역(USNR) 대위 에드워드 서커슨(Edward C. Sockerson)

수　신　자 | USS Ponaganset

국가 및 지역 | 일본 오키나와 자마미섬(Zamami, Okinawa)

해　　　제 | 오키나와 게라마군도 내 자마미섬과 도카시키섬에 배치되었던 조선인 '위안부' 생존자를 피사체로 담고 있음. 사진 캡션에서는 일본 조선인(Jap Koreans)이라는 표현을 쓰고 있음.

문　서　철 | NARA RG 80 Entry G Box 1189

출　　　처 | 서울대 자료집(3권, 85쪽)

소　장　처 | NARA

내 용 분 류 | 포로

비　　　고 | 사진자료. 사진 캡션에 '위안부'에 해당하는 표현은 없음.

170. 80-G 319157

한 글 번 역 | –

세 부 항 목 | –

작성연월일 | 1945.4.21

작　성　자 | 해군예비역(USNR) 대위 에드워드 서커슨(Edward C. Sockerson)

수　신　자 | USS Ponaganset

국가 및 지역 | 일본 오키나와 자마미섬(Zamami, Okinawa)

해　　　제 | 오키나와 게라마군도 내 자마미섬과 도카시키섬에 배치되었던 조선인 '위안부' 생존자를 피사체로 담고 있음. 사진 캡션에서는 일본 조선인(Jap Koreans)라는 표현을 쓰고 있음.

문　서　철 | NARA RG 80 Entry G Box 1189

출　　　처 | 서울대 자료집(3권, 87쪽)

소　장　처 | NARA

내 용 분 류 | 포로

비　　　고 | 사진자료. 사진 캡션에 '위안부'에 해당하는 표현은 없음.

171. 80-G 319163

한 글 번 역 | –

세 부 항 목 | –

작성연월일 | 1945.4.21

작　성　자 | 해군예비역(USNR) 대위 에드워드 서커슨(Edward C. Sockerson)

수　신　자 | USS Ponaganset

국가 및 지역 | 일본 오키나와 자마미섬(Zamami, Okinawa)

해　　　제 | 오키나와 게라마군도 내 자마미섬과 도카시키섬에 배치되었던 조선인 '위안부' 생존자를 피사체로 담고 있음. 사진 캡션에서는 일본 조선인(Jap Koreans)이라는 표현을 쓰고 있음.

문　서　철 | NARA RG 80 Entry G Box 1189

출　　　처 | 서울대 자료집(3권, 89쪽)

소　장　처 | NARA

내 용 분 류 | 포로

비　　　고 | 사진자료. 사진 캡션에 '위안부'에 해당하는 표현은 없음.

172. 80-G 319164

한 글 번 역 | -

세 부 항 목 | -

작성연월일 | 1945.4.21

작　성　자 | 해군예비역(USNR) 대위 에드워드 서커슨(Edward C. Sockerson)

수　신　자 | USS Ponaganset

국가 및 지역 | 일본 오키나와 자마미섬(Zamami, Okinawa)

해　　　제 | 오키나와 게라마군도 내 자마미섬과 도카시키섬에 배치되었던 조선인 '위안부' 생존자를 피사체로 담고 있음. 사진 캡션에서는 일본 조선인(Jap Koreans)이라는 표현을 쓰고 있음.

문　서　철 | NARA RG 80 Entry G Box 1189

출　　　처 | 서울대 자료집(3권, 91쪽)

소　장　처 | NARA

내 용 분 류 | 포로

비　　　고 | 사진자료. 사진 캡션에 '위안부'에 해당하는 표현은 없음.

173. 80-G 319167

한 글 번 역 | –

세 부 항 목 | –

작성연월일 | 1945.4.21

작　성　자 | 해군예비역(USNR) 대위 에드워드 서커슨(Edward C. Sockerson)

수　신　자 | USS Ponaganset

국가 및 지역 | 일본 오키나와 자마미섬(Zamami, Okinawa)

해　　　제 | 오키나와 게라마군도 내 자마미섬과 도카시키섬에 배치되었던 조선인 '위안부' 생존자를 피사체로 담고 있음. 사진 캡션에서는 일본 조선인(Jap Koreans)이라는 표현을 쓰고 있음.

문　서　철 | NARA RG 80 Entry G Box 1189

출　　　처 | 서울대 자료집(3권, 93쪽)

소　장　처 | NARA

내 용 분 류 | 포로

비　　　고 | 사진자료. 사진 캡션에 '위안부'에 해당하는 표현은 없음.

174. 80-G 345373

한 글 번 역 | -

세 부 항 목 | -

작성연월일 | 1945.5.18

작　성　자 | 해군예비역(USNR) 대위 에드워드 서커슨(Edward C. Sockerson)

수　신　자 | USS Ponaganset

국가 및 지역 | 일본 오키나와 자마미섬(Zamami, Okinawa)

해　　　제 | 오키나와 게라마군도 내 자마미섬과 도카시키섬에 배치되었던 조선인 '위안부' 생존자를 피사체로 담고 있음. 사진 캡션에서는 게이샤 여성들이라는 표현을 쓰고 있음.

문　서　철 | NARA RG 80 Entry G Box 1300

출　　　처 | 서울대 자료집(3권, 95쪽)

소　장　처 |]NARA

내 용 분 류 | 포로

비　　　고 | 사진자료. 사진 캡션에 '위안부'에 해당하는 표현은 없음.

175. 80-G 345377

한 글 번 역 | -

세 부 항 목 | -

작성연월일 | 1945.5.18

작 성 자 | 해군예비역(USNR) 대위 에드워드 서커슨(Edward C. Sockerson)

수 신 자 | USS Ponaganset

국가 및 지역 | 일본 오키나와 자마미섬(Zamami, Okinawa)

해 제 | 오키나와 게라마군도 내 자마미섬과 도카시키섬에 배치되었던 조선인 '위안부' 생존자를 피사체로 담고 있음. 사진의 피사체는 자신의 이름을 헬렌 도미요(Helen Tomio)라고 했음.
오키나와의 조선인 '위안부' 피해자 배봉기의 기억에 따르면, 그녀의 이름은 이케가미 도미요이며, 자마미섬 위안소 관리인의 애인으로서 위안소의 정산을 담당했다고 함. 미군은 그녀의 이름을 헬렌 도미요라고 기록함. 배봉기는 헬렌 도미요와 이시가키 수용소에서 다시 만났다고 함.

문 서 철 | NARA RG 80 Entry G Box 1300

출 처 | 서울대 자료집(3권, 97쪽)

소 장 처 | NARA

내 용 분 류 | 포로

비 고 | 사진자료. 사진 캡션에 '위안부'에 해당하는 표현은 없음.

미 해병대 생산 자료

미군 해병대를 통해 생산되었으나 분류하기 애매하거나 그 구체적인 부서를 특정할 수 없는 자료들을 묶었다. 1945년 3월 이후 일본 오키나와에 상륙한 미군 해병대가 촬영한 '위안부' 관계 사진들이다. 미군에 발견되어 수용소에 수용되어 있던 조선인'위안부'들의 사진과 '위안부' 사진으로 잘못 알려져 있는 오키나와 여성에 대한 사진이다.

176. 127-GW-600

한 글 번 역 | 127-GW-600

세 부 항 목 | –

작성연월일 | 1945.3.30

작 성 자 | 코놀리(Connolly)

수 신 자 | –

국가 및 지역 | 일본 오키나와(Okinawa)

해 제 | 미군이 촬영한 오키나와 조선인 위안부의 사진. 미군 해병대에 의해 발견된 10명의 조선인 여성들로 사진 캡션에 극빈한 가족에 의해 팔려 왔다는 내용이 있음.

문 서 철 | NARA RG 127 GW

출 처 | 서울대 자료집(3권, 99쪽)

소 장 처 | NARA

내 용 분 류 | 포로

비 고 | 사진자료.

177. 127-GW-685

한 글 번 역 | 127-GW-685

세 부 항 목 | -

작성연월일 | 1945.6.14

작　성　자 | 와스든(Wasden)

수　신　자 | -

국가 및 지역 | 일본 오키나와(Okinawa)

해　　　제 | 미군이 촬영한 오키나와 여성의 사진임.
이등병 크리튼(Criton P. Constantinides)이 '어여쁜 오키나와 여성'의 머리를 만지고 있다고 기록되어 있음.
이 사진은 오키나와의 조선인 '위안부' 사진으로 종종 소개되기도 하지만, 이 여성을 조선인 '위안부'로 볼 수 있는 근거는 없음.

문　서　철 | NARA RG 127 GW

출　　　처 | 서울대 자료집(3권, 101쪽)

소　장　처 | NARA

내 용 분 류 | 기타

비　　　고 | 사진자료.

군사정보국(MIS) 생산 자료

군사정보국(MIS, Military Intelligence Service)은 미군의 정보기관이다. 태평양전쟁 발발 직후인 1942년 초 미군은 전쟁부(the War Department)를 재조직하고 일반참모부(G-2) 지휘하에 군사정보국(MIS)을 창설했다. 애초의 주요 임무는 군사 정보의 전파에 머물러 있다가 1942년 여름 모든 정보활동을 운영하는 기관으로 승격했다. 군사정보국은 월별 시보(monthly bulletins)를 통해 정기적으로 정보를 전파했다. 주로 일본군을 통해 얻은 정보를 처리하였으며 이들이 생산한 G-2 지역별 파일은 전투 경험을 통해 얻은 정보를 풍부하게 담고 있다.

178. Japanese Words of Military Value

한 글 번 역 | 군사적 가치를 지닌 일본어 단어들

세 부 항 목 | –

작성연월일 | 1943.8

작 성 자 | Commandant of M.I.S.L.S. Camp Savage, Minnesota

수 신 자 | –

국가 및 지역 | –

해 제 | 미국 미네소타에 위치한 군사정보국 언어학교가 작성한 일본군의 군사 용어를 다룬 단어사전임. 일반적인 사전에 수록되지 않은 일본어 단어들을 어떻게 번역할지 지침을 제시하고 있음.

이 사전에서는 위안부(慰安婦)를 "Licensed prostitute"로 위안소(慰安所)를 "Army brothel"로 번역.

이 문서를 통해 연합국 문서에서 나타나는 'prostitute'나 'brothel'이 위안부나 위안소의 번역어로 사용되고 있음을 알 수 있음.

문 서 철 | NARA RG 165 Entry NM 84 77 Box 2149

출 처 | 서울대 자료집(1권, 42~82쪽)

소 장 처 | NARA

내 용 분 류 | 피해실태

179. Special Questions for Korean PWs

한 글 번 역 | 조선인 포로들에 대한 특별 질문

세 부 항 목 | –

작성연월일 | 1945.4.4

작　성　자 | 육군대령 러셀 스위트(Russel H. Sweet)

수　신　자 | War Department
Military Intelligence Service

국가 및 지역 | –

해　　　제 | 미군이 조선인 포로들을 심문하기 위해 만든 조선인 포로들에 대한 특별 질문 30개 질문지.
이 질문들은 일본의 조선에 대한 식민 통치에 관한 자세한 내용들을 질문하고 있음. 징용이나 징병 식량 배분, 이동의 통제 등 조선인들이 불만을 가질 것으로 생각되는 내용에 관한 질문이 주를 이룸.
이 중 18번이 위안부에 관한 질문내용임. "일반적으로 조선인들은 일본군이 위안부(prostitute)로 일하도록 조선 소녀들을 충원하는 것을 알고 있는가? 이 프로그램에 대한 보통의 조선인의 태도는 어떠한가? 포로는 이 프로그램 때문에 발생한 어떤 소란이나 저항을 알고 있는가?"로 구성되어 있음.
미군이 조선인에 대한 질문지에 '위안부'와 관계된 내용을 삽입한 것에 주목해야 함. 이를 대일전쟁 과정에서 심리전으로 활용하려고 했던 것으로 보임.

문　서　철 | NARA RG 165 Entry NM 84 177 Box 908

출　　　처 | 서울대 자료집(1권, 457~460쪽)

소　장　처 | NARA

내 용 분 류 | 피해실태/동원

180. Extract of Interrogation 175

한 글 번 역 | 심문보고서 제175호 요약

세 부 항 목 | Information on Attu Landings of American Troops
Steel Helmets
Dum Dum Bullets
Jungle Training
Entertainment and Recreation
Prostituion as Provided by Regemental Commander
No WAC

작성연월일 | 1943.8.14

작 성 자 | –

수 신 자 | MIS CPMB

국가 및 지역 | 알류산 열도 애투 섬(Attu island)

해 제 | 군사정보국(MIS) 전쟁포로과(CPMB)가 태평양의 애투섬에서 잡은 일본인 포로를 심문한 보고서임.
위안부들(Prostitutes)은 일본 정부로부터 제공되지 않았고 연대장이 전문 업자를 통해 조달함. 업자는 부대 지휘관과 약속된 수의 위안부들을 제공하기로 계약함. 병사들은 제공되는 서비스를 받기 위해 아주 소액의 명목적 요금만을 지불함. 제공되는 여성들은 일본인, 중국인 그리고 조선인임. 연대장들은 그저 병사들의 즐거움을 위해 이를 주선하는 것이라고 포로는 생각했음.
이 같은 주선은 아시아 대륙 안에서만 진행된다고 주장하고 이 일에 중국인과 조선인 여성이 사용되는 것은 수요를 충족할 만한 일본인 위안부(prostitutes)의 숫자가 충분하지 않기 때문이라고 말함. 포로는 이 여성들이 병사들을 위해 자신의 애국적 의무를 다할만한 여성들이 아닌 전문 창기(professional prostitutes)라고 주장했음.

문 서 철 | NARA RG 165 Entry P 179D Box 763

출 처 | 서울대 자료집(1권, 682~683쪽)

소 장 처 | NARA

내 용 분 류 | 관리감독/피해실태

합동첩보수집기관(JICA) 생산 자료

합동첩보수집기관(JICA, Joint Intelligence Collection Agency)은 제2차 세계대전 기간 연합군의 정보 수집을 담당했던 합동기관이다. 대일 정보를 수집하여 공유하고 전시 전략에 참고할 목적으로 기능했으며, 보고서를 작성하거나 정기적으로 요약정리 해서 정보를 공유하였다.

187. Weekly Intelligence Summary No.93

한 글 번 역 | 주간 정보 요약 제93호

세 부 항 목 | 1. Headquaters　2. Disposition Fleet
3. Disposition Airforce　4. Dispostition Army
5. New Airfields　6. News Roads & Railways
8. Army Training & New Organizations　9. Air Raid Precautions
10. Defences　11. Guerillas
12. Allied Air Activity　12n. Allied Sea and Land Activity
13. Topographical　14. Harbours
15. Shipping　16. Navigation
17. Communications　18. Economic
19. Economic - Oil　20. Internment
21. Prisoners of War　22. Conditions P.O.W. Camps
23. Registration　24. Customs
25. Police & Kempei　27. Administration
28. Culture　29. Morale
30. Propaganda　31. General Conditions
32. Miscellaneous　34. Political

작성연월일 | 1944.10.23

작 성 자 | 네덜란드 해군중령 윙겐더(C. J. Wingender)

수 신 자 | Joint Intelligence Collection Agency South East Asia

국가 및 지역 | 인도네시아 수마트라(Sumatra)

해 제 | 네덜란드 해군이 수마트라에서 포획한 포로를 심문한 내용을 동남아시아 합동정보수집기관(JICA SEA)에서 요약정리한 문서.
네덜란드 국적인 포로는 일본군의 행실에 관련해서 '부대를 위한 몇 개의 위안소(brothel)가 특별히 설치되었는데 여성들은 싱가포르로부터 왔고 그들 대부분은 중국인이었다. 마을에서 일본군은 여성이 원할 때에만 데리고 갔나'고 진술함.

문 서 철 | NARA RG 165 Entry 177 Box 914

출 처 | 서울대 자료집(1권, 467~493쪽)

소 장 처 | NARA

내 용 분 류 | 피해실태

태평양지역 합동첩보센터(JICPOA) 생산 자료

태평양지역 합동첩보센터(JICPOA, Joint Intelligence Center Pacific Ocean Area)는 하와이 호놀룰루에 본부를 두고 중부태평양지역에서 활동했던 연합군의 합동정보조직이다. 적군의 동태나 전투 상황을 공유했으며, 태평양 지역에서 포로로 잡힌 적군 포로를 심문하여 보고서를 생산하였다.

188. Preliminary Pow Interrogation Report No.8

한 글 번 역 | 포로 예비 심문보고서 제8호

세 부 항 목 | 1. Premable
2. Chronology
3. Details of Capture
5. Identification of Units
6. Identification of Personalities
12. Enemy Supplies
13. Morale and Propaganda
15. Wastage and Casualties
16. Chemical Warfare
18. Medical
20. Special Intelligence

작성연월일 | 1944.1.13

작 성 자 | 르장드르(M. Legendre)

수 신 자 | JICPOA

국가 및 지역 | 미크로네시아 연방 트럭(TRUK), 잴루잇(JALUIT), 밀리(MILLE)

해 제 | 태평양지역 합동첩보센터(JICPOA)가 1943년 11월 20일 남태평양 마킨섬(Makin)에서 포로로 잡힌 조선인 군속 김주용[가하라 츠토무(Kahara Tsutomu)을 심문한 보고서임.
그는 성병이 일본군에게 큰 문제가 아니었다고 생각했으며 트럭, 잴루잇, 밀리에 정부가 통제하는 위안소(goverment controlled prostitution)가 존재한다고 들었지만, 콰잘린(Kwajalein)은 아니었다고 진술함.

문 서 철 | NARA RG 165 Entry NM 84 177 Box 925

출 처 | 서울대 자료집(1권, 575~586쪽)

소 장 처 | NARA

내 용 분 류 | 설치

189. Preliminary Pow Interrogation Report No.52

한 글 번 역 | 포로 예비 심문보고서 제52호

세 부 항 목 | 1. Premable
2. Chronology
3. Details of Capture
4. Organization
5. Identification of Units
6. Identification of Personalities
9. Enemy Methods and Training
10. Transportaion and Communications
13. Morale and Propaganda
15. Wastage and Casualties
16. Chemical Warfare
17. Military and Naval Bases
18. Medical
19. Enemy Information Concerning Allies
20. Special Intelligence

작성연월일 | 1944.6.6

작 성 자 | 르장드르(M. Legendre)

수 신 자 | JICPOA

국가 및 지역 | 중국 만주(Manchuria)

해 제 | 태평양지역 합동첩보센터(JICPOA)가 1944년 2월 23일 포로로 잡힌 의무장교 가토 켄[加藤健, Katoken] 소위를 심문한 보고서임. 육군은 만주에 위안소(house of prostitution)를 운영했으며 병사들이 감시 없이 위안소(house)에 자주 방문하는 것은 금지했음. 의사들은 일주일에 한 번 정도 위안소 검진실에서 여성을 검진했음. 병사들에게 피임기구와 예방법 사용을 엄격하게 요구하였고 감염된 여성과 병사들은 완치될 때까지 추가 접촉을 금지했다고 진술함.

문 서 철 | NARA RG 165 Entry NM 84 177 Box 925

출 처 | 서울대 자료집(1권, 592~602쪽)

소 장 처 | NARA

내 용 분 류 | 관리감독/위생

합동 심문센터(CSDIC) 생산 자료

합동 심문센터(CSDIC, Combined Services Detailed Interrogation Centre)는 제2차 세계대전 시기 영국군이 중심이 되어 운영한 정보기관이다. 유럽과 아시아 지역을 대상으로 활동했으며, 독일군 및 일본군에 소속되어 있던 포로들을 심문하고 보고서를 생산하였다. 전쟁이 끝난 후에는 소련군도 심문하기도 하였다. 1947년 6월 모든 시설이 문을 닫았다.

190. 1st Preliminary Interrogation Report on Japanese PW

한 글 번 역 | 일본인 포로에 대한 1차 예비 심문보고서

세 부 항 목 | 1. Identification

2. Degree of Reliability
3. Preamble
4. Chronology
5. Unit Personalia
6. Unit Dispositions
7. Recent Activities, Envents Leadng to Capture
8. Unit Insignia
9. Morale
9. Amenities
10. Propaganda(allied)
11. Not Recommended for D.I.

작성연월일 | 1945.2.21

작 성 자 | -

수 신 자 | CSDIC(I)

국가 및 지역 | 미얀마 람리 섬(Ramree Island)

해 제 | 합동심문센터(CSDIC)가 1945년 2월 21일 15독립군단 사령부 육군 상등병 구니조 미즈쿠치(Kuniso Mizuguchi)를 심문한 기록임. '버마 람리섬에서 제공된 유일한 휴식은 랑군에서 데려온 10~15명의 버마인 '위안부들(Comfort Girls)'이었다. 매우 짧은 시간 동안 이루어지는 만남의 가격은 한 회에 5루피였다'고 진술함.

문 서 철 | NARA RG 165 Entry 177 Box 915

출 처 | 서울대 자료집(1권, 499~501쪽)

소 장 처 | NARA

내 용 분 류 | 관리감독/피해실태

남태평양군 전투첩보센터(CIC SOPAC) 생산 자료

남태평양군 전투첩보센터(CIC SOPAC, Combat Intelligence Center South Pacific Command)는 제2차 세계대전 기간 동안 남태평양 전구를 대상으로 활동했던 연합군의 정보수집 기관이다. 포획한 일본군 포로의 심문을 하고 보고서를 작성하거나, 이들로부터 노획한 문서를 번역하였다.

191. Translation of Captured Japanese Document ITEM#1033(S-3592)

한 글 번 역 | 일본 노획 문서 번역 아이템#1033(S-3592)

세 부 항 목 | –

작성연월일 | 1942.12.10

작 성 자 | 히다카(Hidaka)

수 신 자 | CIC SOPAC

국가 및 지역 | 중국 상하이(Shanhai)

해 제 | 부건빌에서 노획한 일본군 23보병연대의 문서임.
1942년 12월 10일 상하이로 추정되는 남부 지구 특종 위안소의 규정으로 이 규정은 총 15개 항목의 이용 규정과 11개의 운영 규정 그리고 영업허가신청서 등 관련 문서로 구성되어 있음.
이용 규정은 위안소 내에서의 금지사항, 이용 요금, 이용 일자, 영업 시간, 성병 검진과 관련된 사항임. 운영규정은 업자가 지켜야 할 사항들을 명시하고 있었는데 성병에 관하여 자세한 사항들을 명시하였고, 매주 병영사령관에게 영업보고서를 작성하여 제출하도록 함.

문 서 철 | NARA RG 165 Entry NM 84 79 Box 404

출 처 | 서울대 자료집(1권, 257~263쪽)

소 장 처 | NARA

내 용 분 류 | 관리감독/위생

192. Prisoner of war interrogation report No.280

한 글 번 역 | 포로 심문보고서 제280호

세 부 항 목 | 1. Preamble
2. Chronology
3. Details of Capture
4. Organization
5. Identification of Other Units
6. Identification of Personalities
8. Armament and Equipment
9. Enemy Methods
13. Morale and Propaganda
15. Wastage and Casualties
16. Chemical Warfare
18. Medical

작성연월일 | 1944.2.22

작 성 자 | –

수 신 자 | CIC SOPAC

국가 및 지역 | 파푸아뉴기니 부나카나우(Vunakanau)

해 제 | 남태평양군 전투첩보센터(CIC SOPAC)가 1944년 2월 22일 라바울 인근에서 포로로 잡은 해군 수병장 오무라 유키오(Omura Yukio)를 심문한 보고서임. 포로는 라바울 섬 근방 부나카나우에서 '한가한 시간은 기지에서 보냈으며, 몇몇은 근방의 위안소(brothel)를 방문했다'고 진술함.

문 서 철 | NARA RG 165 Entry NM 84 177 Box 916

출 처 | 서울대 자료집(1권, 558~564쪽)

소 장 처 | NARA

내 용 분 류 | 피해실태

태평양함대사령관(CINCPAC)-태평양지역사령관(CINCPOA) 생산 자료

태평양함대사령관(CINCPAC, Commander in Chief Pacific Fleet) – 태평양지역사령관(CINCPOA, Commander in Chief Pacific Ocean Area)은 미국 태평양함대와 태평양 지역 최고 사령부를 말한다. 태평양 지역에서 포획한 일본군 포로를 심문하고 보고서를 작성하였다. 태평양 지역으로 배치되기까지 포로가 소속된 부대의 이동 상황과 주둔했던 지역의 정보를 확인할 수 있다.

193. CINCPAC-CINCPOA-Preliminary Pow Interrogation Report No.75

한 글 번 역 | CINCPAC-CINPOA 포로 예비 심문보고서 제75호

세 부 항 목 | 1. Premable
2. Chronology
3. Details of Capture
4. Organization
5. Identification of Other Units
6. Identification of Personalities
7. Particulars of POW's Unit
9. Enemy Methods and Training
10. Transportaion and Communications
11. Defenses
12. Enemy Supplies
13. Morale and Propaganda
15. Wastage and Casualties
16. Chemical Warfare
17. Military and Naval Bases
21. Miscellaneous

작성연월일 | 1944.10.6

작 성 자 | 베이컨(M. R. Bacon)

수 신 자 | CINCPAC-CINCPOA

국가 및 지역 | 중국 하이청(Haicheng)

해 제 | 태평양함대사령관(CINCPAC)－태평양지역사령관(CINCPOA)이 1944년 7월 25일 괌에서 포로로 잡힌 육군 상등병 호시노 조이치[Hoshino Joichi, 星野丈一]를 심문한 보고서임. 그는 중국 만주 하이청에서는 조선인 여성을 위안부(prostitutes)로 들여왔으며 그들은 질병에 대한 검사를 받았고 병사들은 마을에 있는 사창(civilian houses of prostitution)에 가는 것이 금지되었다고 진술했음. 하이청은 현재 랴오닝성 소재 하이청[海城]을 가리킴.

문 서 철 | NARA RG 165 Entry NM 84 177 Box 925

출 처 | 서울대 자료집(1권, 610~619쪽)

소 장 처 | NARA

내 용 분 류 | 동원/위생/관리감독

194. CINCPAC-CINCPOA-Preliminary Pow Interrogation Report No.82

한 글 번 역 | CINCPAC-CINPOA 포로 예비 심문보고서 제82호

세 부 항 목 | 1. Premable
2. Chronology
3. Details of Capture
4. Organization
5. Identification of Other Units
6. Identification of Personalities
8. Armament and Equipment
9. Training and Operations
12. Enemy Supplies
13. Morale and Propaganda
15. Wastage and Casualties
16. Chemical Warfare
17. Military and Naval Bases
20. Specail Intelligence
21. Miscellaneous

작성연월일 | 1944.7.13

작 성 자 | –

수 신 자 | CINCPAC-CINCPOA

국가 및 지역 | 중국 만주 송고(Machuria Songo)

해 제 | 태평양함대사령관(CINCPAC)－태평양지역사령관(CINCPOA)이 1944년 7월 13일 사이판에서 포로로 잡힌 대위 아사이 요시오[Asai Yoshio, 淺井義雄]를 심문한 보고서임. 만주의 일부 지역(송고)에 있는 군 병사들을 위한 위안소(IANJO, Relaxation Halls)의 접객부(entertainers)들은 게이샤(GEISHA)와 '위안부(prostitute)'의 두 종류였음. 일반인들은 이용할 수 없었다는 진술이 있음.

문 서 철 | NARA RG 165 Entry NM 84 177 Box 925

출 처 | 서울대 자료집(1권, 624~639쪽)

소 장 처 | NARA

내 용 분 류 | 관리감독

195. CINCPAC-CINCPOA-Preliminary Pow Interrogation Report No.92

한 글 번 역 | CINCPAC-CINPOA 포로 예비 심문보고서 제92호

세 부 항 목 | 1. Premable
2. Chronology
3. Details of Capture
4. Organization
13. Morale and Propaganda
16. Chemical Warfare
18. Medical
20. Specail Intelligence
21. Miscellaneous

작성연월일 | 1944.7.8

작 성 자 | 베이컨(M. R. Bacon)

수 신 자 | CINCPAC-CINCPOA

국가 및 지역 | –

해 제 | 태평양함대사령관(CINCPAC) – 태평양지역사령관(CINCPOA)이 1944년 7월 9일 사이판에서 포로로 잡힌 해군 의무장교(중위) 이데 지로[Ide Jiro, 井手次郎]를 심문한 보고서임.
일본은 모든 위안소(brothel)에 대해서 위생적, 경제적 규제를 함. 허가받지 않은 사창도 있지만 이들은 소수임. 정부가 검진하는 위안부들은 5일에 한 번씩 검진을 받으며 일본해군은 기지에 도착하기 전에 콘돔과 성병예방크림을 보급품으로 받음. 사병들이 성병에 감염되면 강등되기도 하고, 위안부(prostitute)들은 벌금형을 받음. 장교는 성병에 감염되어도 처벌받지 않음. 정부는 점령지에서 모든 위안소의 가격을 통제한다는 진술을 함.

문 서 철 | NARA RG 165 Entry NM 84 177 Box 915

출 처 | 서울대 자료집(1권, 645~659쪽)

소 장 처 | NARA

내 용 분 류 | 관리감독/위생

군사정보부(MID) 생산 자료

군사정보부(MID, Military Intelligence Division)는 미국 전쟁부 일반 및 특수참모부 산하의 첩보 담당부서이다. 군사 정보의 수집, 평가, 전파를 담당했다. 주로 미국의 군사 연락관들과 해외의 군사 임무를 감독하고 방첩 및 양성 첩보 활동을 했으며 해군이나 다른 연방정부 기관들과 합동 첩보 수집 활동을 하였다.

196. Medical Condition on AKYAB Island during Japanese Occupation

한 글 번 역 | 일본점령 중 아키아브섬의 의료적 상태

세 부 항 목 | 1. Introduction
2. Conditions among the Civilian Population
3. Conditions among Japanese Troops
b. Diseases and their control

작성연월일 | 1945.3.10

작 성 자 | MID Military Attache

수 신 자 | MID

국가 및 지역 | 미얀마 아캬브(Akyab)

해 제 | 전쟁부 일반참모 군사정보부(MID) 무관실(Military Attache)에서 1945년 3월 10일 작성한 것으로, 버마인 의사 쉐 니(SHWE NEE)에 대한 심문보고서임.
이 버마인 의사는 1942년부터 1944년까지 버마 북서부에 위치한 섬인 아캬브(Akyab)에 있었고, 일본군들이 성병치료를 목적으로 자신을 찾아오는 경우도 있었다고 밝힘. 그는 일본군이 현지 여성을 건드리지 않은 이유로 군 위안소(military brothel)에 일본인과 조선인 여성들이 있었기 때문이라고 언급함. 일본군이 추가로 여성이 필요할 경우, 현지에서 구하기도 했으며, 쉽게 구할 수 있었다고 함.
아캬브의 현재 명칭은 시트웨(Sittwe)임.

문 서 철 | NARA RG 208 Entry NC 148 370 Box 371

출 처 | 서울대 자료집(2권, 424~427쪽)

소 장 처 | NARA

내 용 분 류 | 동원/위생

197. Medical Condition on RAMREE Island during Japanese Occupation

한 글 번 역 | 일본점령 중 람리섬의 의료적 상태

세 부 항 목 | 1. Introduction
2. Conditions among Native Peoples
3. Conditions among Japanese Troops
b. Diseases and their control

작성연월일 | 1945.3.12

작 성 자 | MID Military Attache

수 신 자 | MID

국가 및 지역 | 미얀마 람리(Ramree)

해 제 | 전쟁부 일반참모 군사정보부(MID) 무관실(Military Attache)에서 1945년 3월 12일 작성한 것으로, 미얀마인 의사 바 아예(BA AYE)에 대한 심문보고서임.
그는 람리섬에는 두 개의 육군위안소(Army Brothel)가 있었고 주로 버마인 여성들이 일하고 있었다고 진술함. 연합군이 마을을 수복한 뒤 이 두 개의 건물에서 수백 개의 사용한 콘돔을 발견했음.

문 서 철 | NARA RG 208 Entry NC 148 370 Box 375

출 처 | 서울대 자료집(2권, 431~433쪽)

소 장 처 | NARA

내 용 분 류 | 위생

전략첩보국(OSS) 생산 자료

전략첩보국(OSS, Office of Strategic Service)은 제2차 세계대전 중 창설된 미군의 첩보기관으로 중앙정보국(CIA, Central Intelligence Agency)의 전신이다. 전쟁 시기 주로 전략 정보 수집이나 분석, 첩보 및 특수 활동을 담당했다. 태평양 전선에 기관원들을 보내 현지인을 중심으로 한 항일단체를 조직하고 적군에 대한 파괴, 교란 공작을 실시했다. 해외 한인 및 미군 포로가 되었던 한인들 또한 전략첩보국(OSS)에 소속되어 연합군의 승리와 한반도의 독립을 위해 활동했다.

198. Korean Organization

한 글 번 역 | 한국인 조직

세 부 항 목 | -

작성연월일 | 1945.10.15

작 성 자 | OSS

수 신 자 | -

국가 및 지역 | 태국

해 제 | 이 문서는 전후 태국에서 조직된 한국인 조직인 Korean National Association의 단장 김 해리 문실이 미국 전략첩보국에 한국인 조직과 상황에 대해 보고한 내용임. 마지막 부분에 태국의 한국인 숫자는 7,400명으로 나타나며 그중 일본군'위안부(prostitute)'는 1,500명이라고 보고하였음.

문 서 철 | NARA RG 226 Entry 19A Box 296

출 처 | 동북아역사재단 수집자료

소 장 처 | NARA

내 용 분 류 | 귀환문제

199. Leflet

한 글 번 역 | 전단

세 부 항 목 | –

작성연월일 | –

작 성 자 | OSS

수 신 자 | –

국가 및 지역 | 중국

해 제 | 전략첩보국(OSS)이 중국에서 생산한 심리전 전단의 하나로 중국인들에게 일본군의 만행을 알리고 그들에게 협조하지 말 것을 선전하는 내용임. 마지막 세 컷은 일본군들이 중국인 여성을 보면 가장 못생긴 사람조차도 성매매(prostitution)에 동원하니 그들을 숨기거나 멀리 보내라는 내용임.

문 서 철 | NARA RG 226 Entry 154 Box 94

출 처 | 동북아역사재단 수집자료

소 장 처 | NARA

내 용 분 류 | 기타

기타 생산기관 자료

생산기관을 명확하게 확인하기 어려운 연합군 자료들이다. 연합군이 해독한 일본군 암호 문서, 미군이 작성한 심문보고서의 발췌 편람 등이 포함되어 있다.

200. Deciphered telegram by the Allied Forces(HW23/764)

한 글 번 역 | 연합군해독암호문서(HW23/764)

세 부 항 목 | -

작성연월일 | 1945.8.18

작 성 자 | -

수 신 자 | -

국가 및 지역 | 싱가포르

해 제 | 연합군이 해독한 일본군 암호 문서임.
싱가포르에 있는 해군 '위안소(consolation Establishments)'의 종업원(일본인)들을 제101 해군 병원에 고용시키라는 내용임.

문 서 철 | HW 23/764

출 처 | WAM(FM_001)

소 장 처 | TNA

내 용 분 류 | 정책/관리감독

201. Deciphered telegram by the Allied Forces(HW23/637)

한 글 번 역 | 연합군해독암호문서(HW23/637)

세 부 항 목 | –

작성연월일 | 1945.8.20

작 성 자 | –

수 신 자 | 제8통신대

국가 및 지역 | 인도네시아

해 제 | 연합군이 해독한 일본군의 암호 문서임.
모든 지역의 일본인 여성들을 간호사로 배치하라는 내용임.

문 서 철 | HW 23/637

출 처 | WAM(FM_002)

소 장 처 | TNA

내 용 분 류 | 정책/관리감독

202. Extract Handbook

한 글 번 역 | 발췌편람

세 부 항 목 | Ⅰ. Fighting Forces
A. Organizational Efficiency
4. Comforts

작성연월일 | 1945.9.27

작 성 자 | –

수 신 자 | –

국가 및 지역 | –

해 제 | 전후에 작성된 것으로 추정되는 미군의 심문보고서 발췌에 관한 지시사항. 심문보고서나 기타 정보에서 얻은 것들을 어떤 범주에 따라 추출하여 정리할 것인지 항목별로 정리하고 있음. 조직 효율성의 하위 범주로 위안(Comfort)을 설정하였고, 그 세부 내용에 위안소(Brothel) 관계 정보들을 넣도록 하고 있음.

문 서 철 | NARA RG 208 Entry NC 148 378 Box 443

출 처 | 서울대 자료집(2권, 500~504쪽)

소 장 처 | NARA

내 용 분 류 | 기타